ポイントがよく分かる！

図解
モラロジー概論

公益財団法人
モラロジー道徳教育財団

はじめに

本書は『改訂　テキスト　モラロジー概論』（以下『モラロジー概論』）の全十章について、学習の要点となる部分を図解を交《まじ》えながら解説した副教材的なテキストです。

もともとは、月刊誌『れいろう』（モラロジー道徳教育財団刊）で、平成二十七年より二年半にわたり「図解！モラロジー入門」として連載されていました。この連載のねらいは、モラロジーを学び始めた人が持ちやすい「難しそう」「よく分からない」というイメージを払《ふっ》拭《しょく》し、学習意欲を高めることでした。そのため、親しみやすいイラストや図表を用いて各章の要点を解説しています。

『れいろう』での連載が終了した後も、『モラロジー概論』を用いた講座をはじめ、研修や勉強会など多様な教育活動で図表が活用されており、ご要望も多いことから一冊にまとめて出版する運びとなりました。

イラストや図表を扱ったモラロジーのテキストは他にもありますが、本書ほど「図解する」ことに力点を置いたものは初めてだといえるでしょう。逆に、今までこの種のテキストがなかった一因は、学習する要点が図示《ずし》しづらいからでした。「幸福」「品性」「伝統」といった概念は、図解するにあたって正解があるわけではありません。

そのため、本書で扱っているイラストや図表は、学習の要点を「正しく伝える」というよりも視覚に訴えることで、読者の「考える素地《そじ》を耕《たがや》す」ことが第一の目的となっています。これは、本書の作成に携《たずさ》わったすべてのメンバーに共通する感想ですが、図解化を考えることで、それまでの固定観念化した理解やイメージを見直すよいきっかけとなりました。

皆さんにも、本書の学習を通じて「新しい見方や考え方ができた」という感想を持っていただけたら望外《ぼうがい》の喜びです。また、ぜひ「自分で図解する」ことにも挑戦し、モラロジー学習の新しい発見や楽しみ方を見つけていただきたいと願っています。

モラロジー道徳教育財団　コンテンツ開発局

目次

〈凡例〉

※本書は『モラロジー概論』の要点となる項目を解説していますが、一部、収録していない項目があります。

※項目の下のテは『モラロジー概論』をさします。

第1部
基礎編

第1章
倫理道徳のめざすもの

1 モラロジーとは①

〈テ p.2〜4〉

モラロジーがもたらすもの

「道徳」ってどうせ……
強制的なものでしょう
きれいごとでしょう
子供が学ぶものでしょう
私には関係ない他人事でしょう
自己犠牲（損）でしょう
「道徳」ってこんなに……
実行者に安心や幸福がもたらされます
生涯を通じて学んでいくものです
自発的な実行につながります

「モラロジー」は、これまでの“道徳”に対する誤解を解き、道徳実行の効果を明らかにすることで、私たちの自発的な実行を推進するものです

モラロジーのすすめ

「モラロジー」という言葉を最初に聞いたとき、皆さんはどのようなことをイメージしたでしょうか？ 答えは人によってさまざまだと思いますが、あまり耳慣れない言葉であったことは確かでしょう。

しかし考えてみれば、私たちの日常の中には「〜ロジー」はいくつも存在しています。たとえば、エコロジー（生態学）やテクノロジー（工学）、バイオロジー（生物学）、サイコロジー（心理学）などは、どれも接尾に「ロジー」がついたカタカナ語です。これらに共通しているのは「〜学」という学問名を表していることです。

モラロジー（Moralogy）は道徳を表すラテン語のモーレスと、学を表すギリシャ語のロギアをもとにつくった新しい学術語で、「道徳」を表すモラル（moral）と「〜学」を表すロジー（logy）からなる、廣池《ひろいけ》千《ち》九郎《くろう》（一八六六〜一九三八）によって提唱された「道徳科学」の学問名です。

モラロジーは、倫理および道徳の研究と実践にもとづいて、人類の生存、発達、安心、平和、幸福の実現を目的とする総合人間学です。

道徳やモラルの欠如《けつじょ》は、現代社会の大きな課題として誰もが認めるところです。それにもかかわらず、道徳やモラルがなかなか向上しないのはなぜなのか。モラロジーが誕生した背景には、こんな問題意識がありました。

そもそも道徳やモラルをめぐる問題は、「不道徳な誰か」が抱《かか》える問題と考えられやすいものです。しかし道徳を他人事としてではなく、自分にかかわることとして受け止めないかぎり、どれだけ声高に叫《さけ》んだところで、実際の状況はなかなか変わっていきません。

さらには、たとえ道徳やモラルを自分事と受け止めていても、図に示したような道徳に対するいくつかの誤解があるため、進んで実行されにくい傾向もありました。

モラロジーの中心的な課題は、道徳をめぐるこうした誤解に対して、道徳の原理・内容・実行の方法を研究し、道徳実行の効果を明らかにすることにあります。

道徳はその実行者自身に安心・平和・幸福をもたらすものであり、それゆえ自発的に実行する性質のものであることを明らかにしようとする学問がモラロジーなのです。

1　モラロジーとは②

〈テ p.2〜4〉

なぜモラロジーは「学問」なのか

学問の道
公共性
発展性
「学問」であるモラロジーには、発展性と公共性があります。そのため現実の日常生活で実践でき、より多くの人々と分かち合うことができるのです
排他的
時代錯誤
教条的

モラロジーの学問的特色とは

道徳実行の道のりには、さまざまな分かれ道があります。

時代錯誤な道徳、頭ごなしで教条的な道徳、グループ内だけの排他的な道徳、ところ変われば通用しない道徳などなど。

これらは、どれも知らず知らずのうちにはまり込んで、せっかくの道徳の価値を失わせてしまうものです。

こうした袋小路を避けて、より高く、より先へと歩み続けるために、モラロジーは「学問」として提唱されたのです。

第一に、学問とは発展的なものです。これまでに築き上げられた地平を乗り越え、つねに最高の地点を更新して前進するものです。モラロジーには最高の道徳をつねに追求して進む学問的な態度と関心があります。道徳そのものも時代とともに変化するため、現実に適さない道徳に価値はありません。

モラロジーは既存の道徳の内容をよく吟味《ぎんみ》し、新たな改良を加えて前進を図ろうとしているのです。

第二に、学問には公共性と公開性があります。一つの地域や民族、文化、思想、宗教の内側でのみ通用するものではなく、人類に開かれたものです。

学問としてのモラロジーの提唱には、誰もが納得できる道徳（コモン・モラリティ）を追求し、誰もが納得できるように道徳実行の効果を明らかにしたいという意思の表明があります。

さらにモラロジーには「総合人間学」という学問的特色があります。モラロジーは道徳・倫理・哲学・宗教・歴史の研究をはじめ、自然・社会・人文諸科学の研究成果にもとづいて道徳の原理・内容・実行の方法を研究する総合人間学です。

また、モラロジーの学問的特色として「実践性」の重視もあります。どれだけ精緻《せいち》な理論体系でも、実践できない机上《きじょう》の空論では意味がありませんし、たとえ実践できても誰も行わないのでは価値がありません。

モラロジーではその意義に賛同する多くの方々が、モラロジーの研究にもとづいた道徳的実践を通じて、学問としてのモラロジーを前進させる一翼《いちよく》を担《にな》っているのです。

2 安心と秩序をもたらす倫理道徳

〈テ p.4〜7〉

倫理道徳の問題解決に向けて

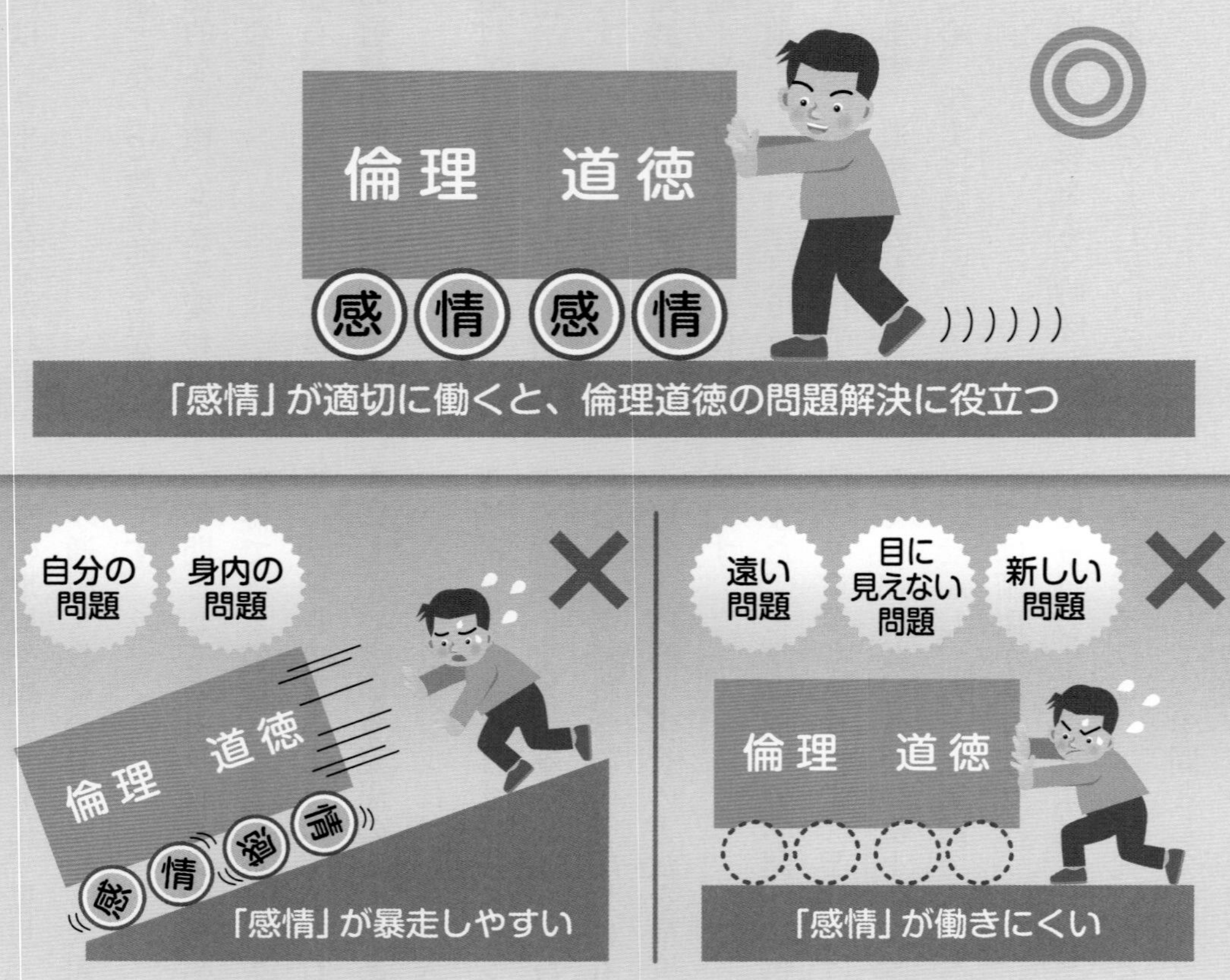

「感情」の働き方に注意しつつ、倫理道徳の問題を考えましょう

「感情」の働きに注意しよう

私たちの日常生活は「倫理」や「道徳」に溢《あふ》れています。そして、私たちはそれらが、個人生活や社会生活に重要であることを認識しています。

誰もが「優しい・誠実・勤勉」な人を賞賛しますし、安心して社会生活を送るには、秩序やルールが必要なことを疑いません。それにもかかわらず、道徳的な問題が山積《さんせき》したままなのはなぜでしょうか？

それは、私たちの「感情」の働き方が原因といえるかもしれません。

近年、道徳性における感情の影響力が注目されています。私たちがある出来事の間違いやある人の優しさを判断する際、感情が大きな役割を果たしています。

たとえば、特殊詐欺《さぎ》の報道には「怒り」の感情が、被災地ボランティアの報道には「温かい」感情が生じることで、それぞれの善《よ》し悪しを判断します。怒りや温かさのほかにも、感謝、敬愛、罪悪感などさまざまな感情が道徳問題の考え方には影響しますし、この感情の働きによって、私たちは道徳の問題を即座に判断し、行動できます。

この感情の果たす役割は重要ですが、働き方にはいくつかのパターンがあり、注意する必要があります。

一つは、感情の働きが必ずしも平等ではない点です。たとえば、身内や友人に関する問題には、それ以外の人の場合よりも同情しやすく、危害を及ぼすものへの怒りの感情が強く働きます。国籍、人種、信条などで、類似点が多い場合も同様の傾向がみられます。

もう一つは、遠い、目に見えない、新しい問題には感情が働きにくい点です。外国での災害や紛争、二酸化炭素の排出量、インターネット上のいじめなどは、古くから身近に起こる目に見える問題と比べると、危機感や被害者への同情が湧《わ》きにくいものです。

環境・医療・企業・情報などの分野で倫理問題が今なお探求され続けているのは、感情が適切に働かないことが関係しているといえます。

倫理道徳はこれまで、人類社会に安心と秩序をもたらしてきましたが、感情を適切に働かせることでいっそう価値あるものになるでしょう。

3 倫理道徳の本質と善の実現

〈テ p.8〜12〉

善を実現する3つの段階

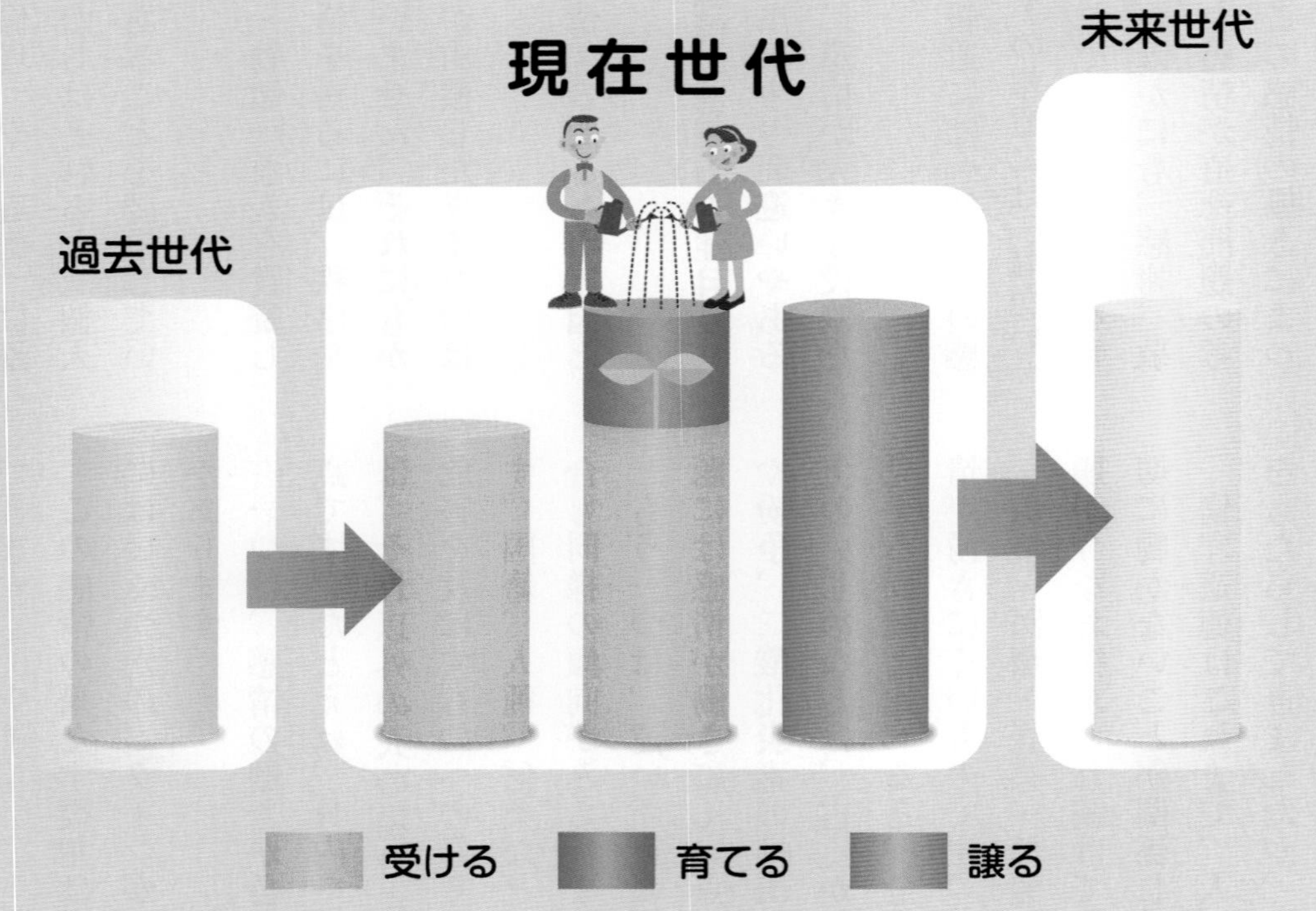

私たちは、過去世代から「善」を**受けて**、
それを**育て**、未来世代へ**譲る**という役割があります

「いのち」の連続の中に生きる

　私たちの生活を根底から支えているものはなんでしょうか。さまざまなものが浮かび上がってくることかと思います。住居や食料、仕事、愛する家族や友人との心温まる交流など、どれも私たちの生活に欠かすことのできない「よきもの（善）」です。

　モラロジーでは、私たちそれぞれが可能性を発揮《はっき》しつつ、他者と共生することを「善」と考えます。人類は長い歴史を通じて「善」の実現に取り組んできましたが、その実現への思いが私たちの生活を根底から支えているのです。

　また、「善」とは自他の幸せの実現とそれを支える社会の維持発展につながる、すべてを総称したものでもあります。モラロジーでは「善」の実現に努力する心づかいと行いを倫理道徳の本質とします。とりわけ私たちの根本的な基盤である「いのち」とその存続を、「善」の最大価値として重要視しています。

　人類社会の歴史は、生命の存続と発展を実現するために、各世代が先人の努力を途切れなく受け継ぎ、新たな創造を付け加え、次の世代へと譲り渡してきた一連の流れにたとえられます。

　図にあるように、「受ける」「育てる」「譲る」という流れの中で継承されてきたものは、生命のほかに精神的、文化的な資産をも含んだ「いのち」です。これが見失われたとき、人間は過去を切り捨て、未来を見捨て、現在という刹那《せつな》の中に切り離されてしまいます。そして、他者とのつながりが希薄になるだけでなく、自分自身の存在意義をも脅《おびや》かされることになります。

　過去なんて関係ない、未来なんてどうでもいい、今がよければいいという生き方と、「いのち」を受け、育て、譲るという人類の大きな営《いとな》みに参画する生き方とでは、その人の「いのち」の味わいが大きく異なってくるのです。

　私たちは日常生活の中で、自分が「いのち」の連続の中に生きているという自覚を見失いやすいものです。また幼児期、青少年期、壮年期、老年期とではその連続の中で担《にな》う役割も変化します。

　「いのち」の連続の中で自分は何をすべきかを自覚し、安心と生きがいのある人生を歩む。モラロジーが提唱するのは、そのための倫理道徳なのです。

キーワード

公共善

個人の幸福と社会全体の幸福は別のもの？

私たち人間は、家族や地域社会、国家といったさまざまな共同体の中で生きている社会的存在です。普段は個人や小さな集団の利益を求めて生活しがちですが、同時に個人の利益や幸福はさらに大きな社会全体にとっての利益、すなわち“公共善《こうきょうぜん》”と結びついています。

もしも、すべての人が自分や身の回りの集団の利害だけを優先させて自分勝手に行動したならば、どうなるでしょうか。いたるところで対立が生まれ、社会全体の秩序が乱れ、かえって一人ひとりにとって不幸な結果となります。現代のさまざまな社会問題もこうした分断と対立に由来するものが少なくありません。個別の利害を超えて社会全体の利益に向かって皆が協調的に行動することが、結果的に一人ひとりにとっての幸福や利益につながります。

現代では私たちが意識すべき共同体の範囲は広がり、地球や人類という単位で物事を考えることが必要になってきました。廣池《ひろいけ》千《ち》九郎《くろう》は大正15年に「世界人類の安心・平和・幸福」の実現をめざして、モラロジーという学問を創建しました。また、現代のSDGs（持続可能な開発目標）の考え方も世界全体で持続的な発展を実現しようという理念にもとづいており、地球規模での「公共善」を追求しようという動きであると理解できます。

私たち一人ひとりが、同じ地球の一員であるという自覚を持って行動することが求められています。

第1部
基礎編

第2章

幸福をもたらす品性

1 幸福の実現と生きる意味の探求

〈テ p.18～23〉

幸福の総和

「内からの欲求」と「外からの制約」を調和し、
苦悩の意味を変容させる中で、幸福の総和は広がります。
その過程で重要な働きを担うのが、私たちの品性なのです

苦悩の意味を変容させる

私たちが幸福になるにはどんな条件が必要なのか、考えたことはありますか？ 果たして、自分の欲求を満たしたときだけが〝幸福〟なのでしょうか。

どうもそうではないようです。確かに私たちは、日々の生活の中でさまざまな欲求を満たしながら生きています。

アメリカの心理学者、アブラハム・マズロー（一九〇八～一九七〇）は、私たちの基本的な欲求を図のように五段階で説明しています。

大切なことは、ある程度欲求が満たされると次の段階に関心が移り続けることです（図：外向きの矢印）。

欲求は自分の理想や価値を追求し、望む姿に成長しようとする自己実現に向かって、生理的欲求から順に、私たちの内側から一定の行動へと駆り立てる原動力になっているのです。

ところが、これらを制限するものが日常には溢《あふ》れています（図：内向きの矢印）。

突然の病《やまい》の宣告や企業の倒産など、自分の力では対処しきれない出来事もあるでしょう。苦悩に浸《ひた》って立ち止まってしまうこともあるかもしれません。

オーストリアの精神医学者、ヴィクトール・フランクル（一九〇五～一九九七）によると、私たち人類は苦悩の中にあるときでも現実を受け止め、生きる希望を見つけて前に進む努力をしてきたといいます。

たとえば、新たな物事への挑戦や、出会いやつながりの再発見によって、出来事の意味そのものを変容させて、負担を軽減できるというのです。

このように、私たちは「内からの欲求」と「外からの制約」を調和し、苦悩の意味を変容させることで、よりいっそう幸福を感じるのかもしれません。それが日常の場であっても、人生の転機と思えるほどの出来事であったとしても、自分の人生に自分で意味づけができたときに、新たな一歩を踏み出すことができるのではないでしょうか。

人生に豊かで深みのある意味を付与し、内と外の調和を図ることで、変化の中でも立ち止まることなく、自暴自棄《じぼうじき》にならずに人生と向き合うことができるのです。

3 品性 ——善を生む根本

〈テ p.25～28〉

品性と3つの力

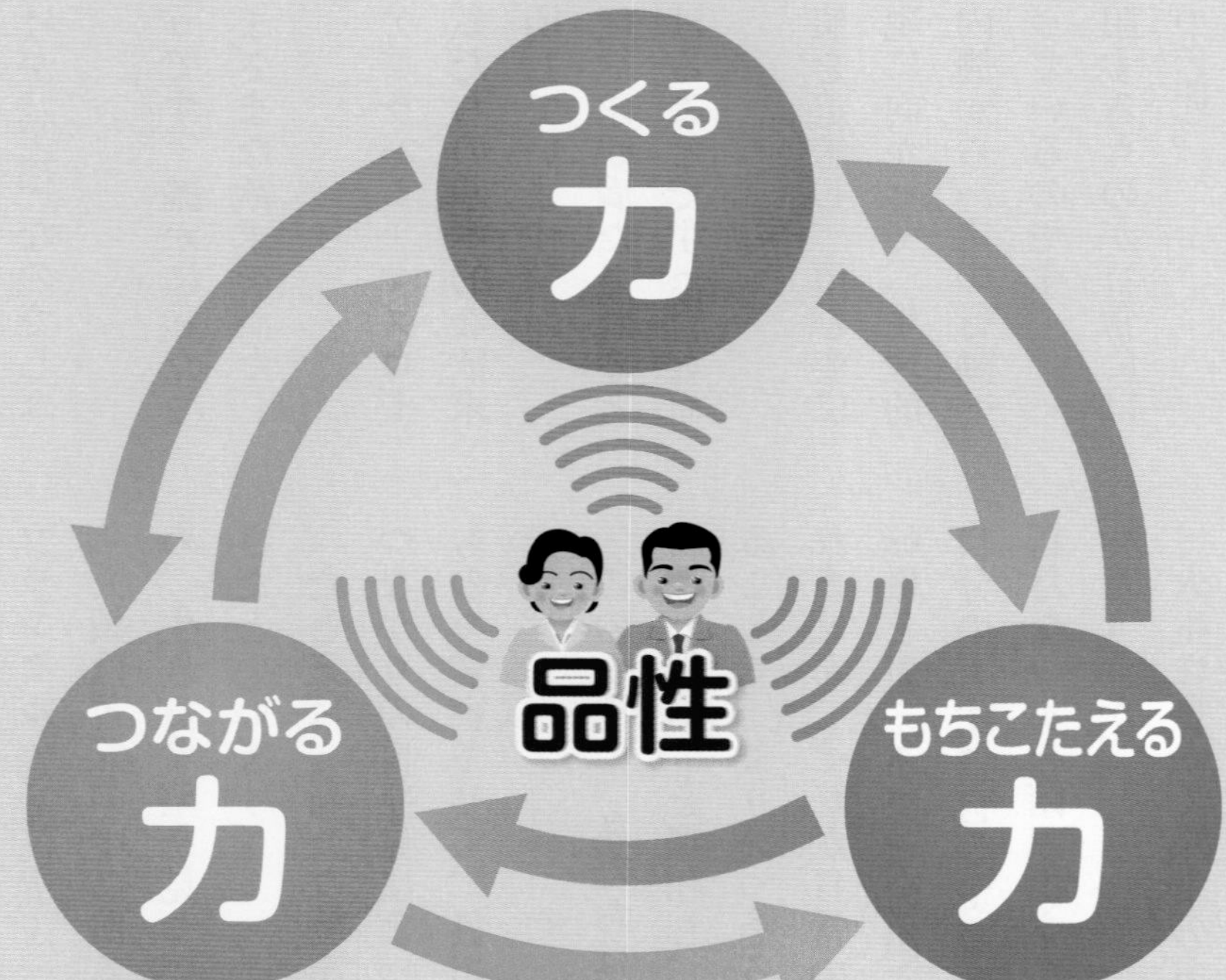

品性は3つの力として表れます。それらが互いに補い合って
養われることで、私たちには幸福がもたらされるのです

つくる・つながる・もちこたえる

「品性のある人」とは、どのような人でしょうか。また、品性を身につけるにはどのような生き方が大切なのか、幸福の実現の根本となる「品性」について考えてみましょう。

モラロジーにおける品性とは、道徳の実行の積み重ねによって身につけた人柄を指します。具体的に品性は、次の三つの力として表れます。

第一は「つくる力」、すなわち新たなものを生み出す創造力です。みずからの能力を活《い》かし、課題を解決する意思や知恵を生み、人生を開拓する力です。

第二は「つながる力」、すなわち、他者と共生する力です。人と親密に交《まじ》わり、人と心を通わせ、さらに人々と協力して集団の機能を発揮《はっき》させる力です。

第三は「もちこたえる力」、すなわち、困難や危機に対処する力です。人生の途上で遭遇する問題や苦難に際して粘《ねば》り強く対応し、前進していく力です。

この三つの力は、それぞれ独立して養われるのではなく、相互に関連して培《つちか》われます。たとえば図の赤い矢印のように、「つくる力」を発揮して何か新しい物事に取り組む際には、自分の考えを聞いてもらったり、人に意見を尋ねたりする「つながる力」を働かせたり、問題が生じてもめげずに向き合う「もちこたえる力」を働かせることで、よりよいものを生み出すことにつながります。

いずれかの力を十分に発揮するには、ほかの力も働かせることが、物事の達成の糸口になります。

モラロジーは、道徳的な心づかいと行いを積み重ねていくことで品性が向上し、それに応じて人間の幸福が実現するという因果関係を明らかにしています。

品性の向上に日々取り組んでいる人とは、必ずしも物事が自分の思いどおりにならない局面にもじっと踏みとどまり、他者の支えや励ましに感謝の気持ちを忘れず、物事の成就《じょうじゅ》に向けてあきらめずに努力する人です。このような生き方は決して容易なことではありませんが、長く続けることで着実に品性が身につき、その人柄が自他の幸福をもたらすのです。

そうした意味では、品性向上の道筋は、生涯を通じてなされる〝長い旅路〟だといえるでしょう。

4 人生の時期と品性の向上

〈テ p.28〜32〉

エリクソンの発達課題（第6〜8段階）

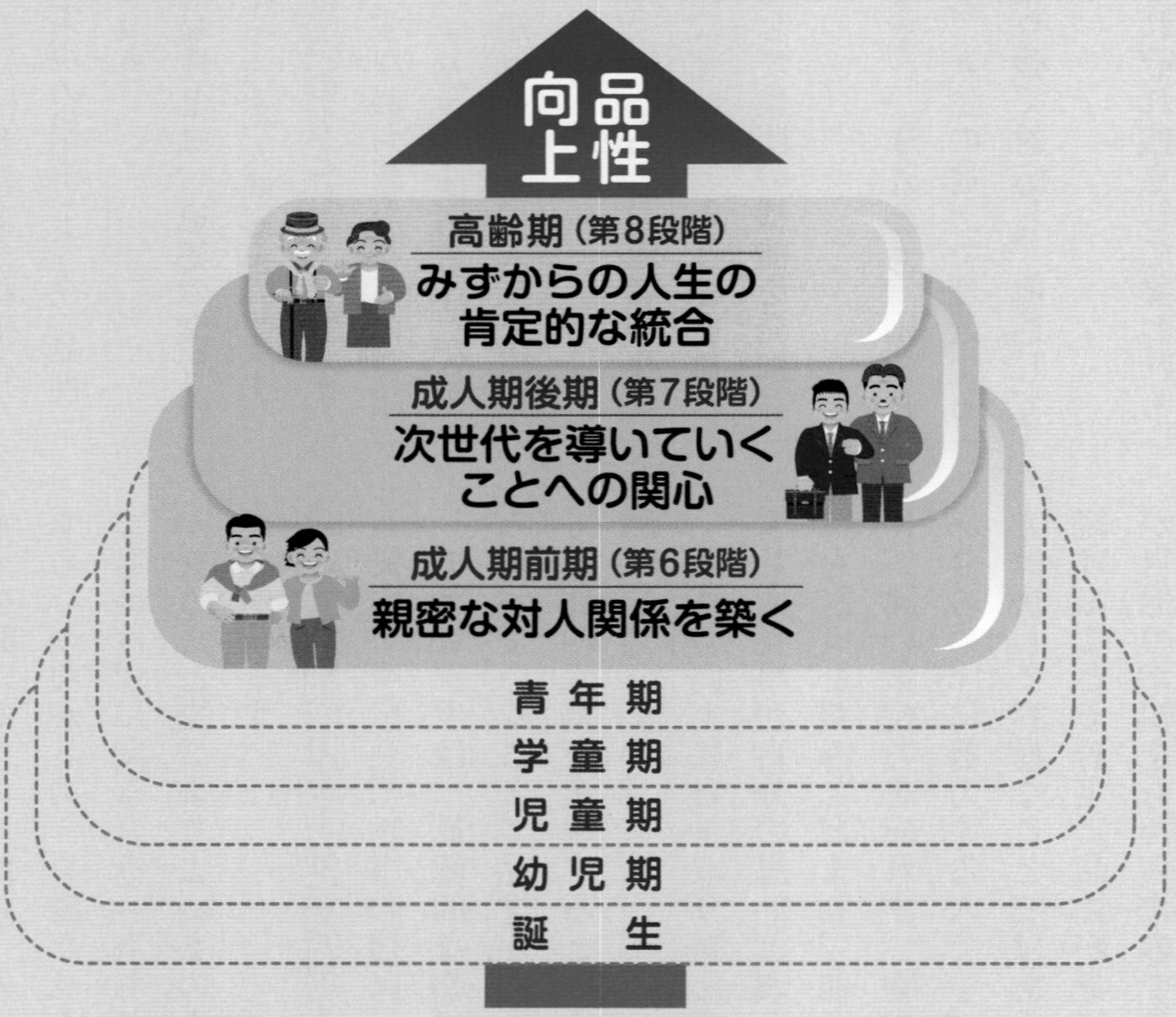

エリクソンの発達課題によれば、成人期以降における「品性向上」には、
年齢とともに3つのステップを踏むことが求められます

参考　E.H.エリクソン著『アイデンティティとライフサイクル』（西平直・中島由恵 訳、誠信書房）

品性の向上をめざして

日本は社会的に高齢化が進む中で、成人期以降もさまざまな学習の機会が用意され、現代はまさに生涯学習の時代といえます。では、具体的に何を学んでいけばよいのでしょうか。『モラロジー概論』が参考にしているアメリカの精神分析学者、エリクソン（一九〇二～一九九四）の理論から「品性向上」について考えてみましょう。

　エリクソンは、個人の誕生から死までのライフサイクルを、発達課題によって八つの段階に分けています。

　特に、成人期以降の第六から第八段階の発達課題を挙げると、次のようになります。

成人期前期（第六段階）

前段階の課題である自己の確立を遂げ、自信を得た人ほど友情や競争、愛などの親密な対人関係を求め、特定の異性との間に真の意味で「親密な関係を築く」ことが新しい課題となります。中でも特筆すべきは夫婦の関係であり、この関係は単なる性的なものを超えた、相乗的に人間性を深めるものです。

成人期後期（第七段階）

他者と親密な関係を築いた人の健康的な次なる発達課題は、「次世代を導いていくことへの関心」です。この場合の次世代は子孫に限られていませんが、子供がいれば、生後の愛着関係の形成も該当しますし、子孫に限らず他者を信頼できる感覚が持てる社会環境づくりも、重要な課題の一部です。

高齢期（第八段階）

人生の最後の発達課題は、みずからの「人生を振り返って統合する」ことです。エリクソンによれば、これまでの発達課題を達成した人は、最終的にみずからの人生に責任を持つことができ、また、かかわってきた人たちをかけがえのない存在として受容します。

　これらの課題の達成は決して容易ではなく、単なる理想論でもありません。エリクソンのいう「人生の統合」は、モラロジーがめざす「品性の完成」と通じる部分があります。

　各年代に応じた発達課題をクリアしていくことで、品性の向上をめざしていきたいものです。

第2章 コラム

キーワード

ウェルビーイング

「幸せ」ってなんだろう

ウェルビーイングとは、英語のWell-beingをさし、「幸福、健康」などと直訳されます。

この言葉を最初に世に出した世界保健機関（WHO）の憲章では「健康とは、病気ではないとか弱っていないということではなく、肉体的にも精神的にも社会的にもすべてが満たされた状態（ウェルビーイング）にあること」と定義されています。SDGs（持続可能な開発目標）の17のゴールの一つにも掲《かか》げられており、近年、経営方針に掲げる企業も増えてきました。

幸福学研究の第一人者で一般社団法人ウェルビーイングデザイン代表理事の前《まえ》野《の》隆《たか》司《し》さんは「日本語の『幸せ』にぴったりの英単語はないですが、ハピネスよりもウェルビーイングのほうが近い」「体と心と社会の『よい状態』がウェルビーイングです」と解説しています。

モノの満足より心の満足を重視する人が多い現在、一時的に幸せな状態のハピネスとは異なる「幸福」のあり方に関心が集まっています。今を生きる私たちにとって、どうあることが「よい状態」なのか。ウェルビーイングが示す幸福に関する知見は、モラロジー学習の参考になることでしょう。

第1部
基礎編

第3章
道徳共同体をつくる

1 個人と社会

〈テ p.36〜38〉

道徳共同体の3つの構成要素

理想的な共同体には自助、共助、公助が欠かせませんが、
特に「共助」は最も身近な道徳実践です

個人と社会のかかわり

自分の働きや能力に応じて報酬を得る社会と、労力や能力の個人差を問わずに誰もが均等に報酬を得る社会、皆さんならどちらを選びますか？

どちらの社会にも長所がありますが、極端に偏《かたよ》れば問題が生じます。徹底的な自由競争の社会では、貧富の格差が助長されますし、極端な平等主義の社会では、勤労意欲が抑制されかねません。

多くの先進国は、これらの中間に位置し、定められたルール内での自由な選択と、必要な場合には最低限の生活が保障されています。もちろん、各国には多数の問題もありますが、それらを解決すべく法律や制度は改正され、整えられていきます。このような国や地方自治体による支援が「公助」にあたります。

しかし、国家の法律や制度が充実しただけでは個人が幸せに暮らせるとは限りません。毎日の生活に生きがいを感じるには、一人ひとりの自助努力や労働が不可欠です。もちろん、諸事情により働くことのできない人の生活を守るためには、生活保護の制度も必要です。

また、イギリスの著述家であるサミュエル・スマイルズ（一八一二〜一九〇四）の「天はみずから助くるものを助く」という言葉のとおり、「自助」なくして周囲からの援助を期待するのでは、真の幸福や生きがいを得ることはできません。

このように、「自助」に励む自立した個人と、そのような個人を法律や制度の面からサポートする「公助」の相補的な関係が、理想的な個人と社会の関係です。

一方で「道徳的な共同体」をつくるにあたり、現代において見直しが求められるもう一つの視点が「共助」です。

高度な経済発展を遂げた日本では、プライバシーの守られた個人の時間や空間を確保しやすくなった反面、「人間は誰しも一人では生きられない」ことを実感しにくくなりました。自立や自助は重要ですが、ともすると「独りで生きていける」「誰にも迷惑をかけていない」という誤解を招き、近隣社会への配慮が希薄となる場合も少なくありません。

家庭や近隣社会は、最も身近な道徳実践の場です。自立した生活を営《いとな》むとともに、しっかりと「共助」の感覚を保ちたいものです。

2 人類の共生と公共精神

〈テ p.39～43〉

「三方よし」で視野が広がる

どんなよいことでも、視野が狭いと周囲に不快を与えることもあります。
自分と相手の二方だけでなく、自分と相手と周囲（社会）のことを
考えることで「三方よし」が実現します

よりよい社会の実現のために

よいことをしようとして、周りが見えなくなってしまったことはありませんか？ 電車内でこんな親子がいました。

「お母さん、ここ、ここ」

周囲を押しのけて駆け込んできた男の子が母親に声をかけています。大好きなお母さんに座ってもらおうと考えていたようです。周りにお年寄りや妊婦さんがいることに気づいた母親は、子供の気持ちがうれしい反面、困り顔です。

図は、男の子の視界に母親しか映っていない様子を表しています。このように、自分と相手だけを考える行為は、あまり考えなくても実践できます。

ところが、社会（第三者）に対する配慮を欠いた道徳では、よい結果を長く得られるようにはなりません。目の前の相手だけを大切にする道徳ではいずれ立ちゆかなくなるのです。

「三方《さんぽう》よし」は、自分と相手という直接の当事者が便益《べんえき》を得るだけではなく、周囲の人々や社会にとっても、よい結果が得られることをめざす考え方です。その実現には、第三者も自分も視界に入るように立ち位置を定めることが有効です。〝母親も、周りの人も、自分も見る〟のです。

道徳の共同体を末広がりに発展させるには、支え合いが欠かせません。第三者を視野に入れた支え合いの精神、つまり「公共の精神」に立つことで、社会の持続的な発展につながります。それによって、目の前の相手にもよりよい結果をもたらすことができます。

また、「三方よし」で忘れがちなのは、自分を見つめ、自身を生かす視点です。モラロジーは、視野を広げるきっかけを自然や先人の恩恵、社会に対する感謝や報恩の念に求めています。こうしたつながりの中で自分の存在意義を感じ取ると、活動のエネルギーが湧《わ》いてきて、大局的な視野に立つ広く伸びやかな実践を重ねることができます。この実践力は、道徳実行の動機と目的と方法を意識に置きながら生活を続ける中で培《つちか》われます。

モラロジーでは、「三方よし」を意識できる人（「三方よし」名人）が社会に増えていくことで、誰もが安心して幸せに暮らせる社会が実現すると考えています。

3 人類社会の基礎的共同体

〈テ p.43〜47〉

私たちを支える3つの共同体

3つの共同体に支えられている自覚を持ち、
私たちも支える側としての自覚を持つことが大切です

生きる土台に気づく

私たちは日々、人とのつながりの中で生きていますが、それを共同体と言い換えることができます。しかし、共同体は私たちの生活を根底から支えているつながりであるにもかかわらず、普段はあまり意識されない傾向にあります。私たちの生きる土台ともいえる共同体のあり方をあらためて考えてみましょう。

モラロジーでは、人間の基礎的な共同体を、家族共同体、地域共同体、国家共同体の三つに捉《とら》えています。

家族共同体は、いのちを継承していく場であり、子供を育成する場です。

地域共同体は、人間が生まれ育つ場であり、他者との共存を図る場です。

国家共同体は、固有の伝統文化を持った集団を包み込む共同体です。

しかし、今日《こんにち》のわが国では、いずれの共同体もなんらかの問題や課題を抱《かか》えており、その機能や役割が十分に果たされていない状況にあります。

私たちの幸福の実現には、それぞれの共同体において、品性の三つの力の一つである「つながる力」を発揮《はっき》させることが求められます（20ページ参照）。

図に示すように、家族共同体であれば、その形態が多様化する中にあって、「いのち」の連続の中で生きていることを見つめ直し、親子、夫婦などが互いに尊重し合うことです（14ページ参照）。

地域共同体であれば、その地縁の希薄化が叫ばれる中で、まずは地域や隣人に無関心であるという姿勢をあらため、互いに助け合う「共助」の関係を築いていくことです（26ページ参照）。

国家共同体であれば、多くの先人の努力によってもたらされた恩恵に感謝し、それを発展させて次世代へ譲り渡していくことです（14ページ参照）。

この三つの共同体が存在しているからこそ、私たちは安心して暮らせるのです。しかし、図のように、三つの共同体は足元にあるために気が向かず、深層であるほど目が届きにくいため、あまり意識されません。当たり前の存在であるがゆえに、その重要性に気づきにくいのです。

今、私たちはそれぞれの共同体の一員であることをあらためて自覚し、その維持、発展、継承に自分の立場や経験に応じて努めることが大切なのです。

キーワード

三方よし

日常の先にいる“誰か”を思う

「三方《さんぽう》よし」の考え方は、一般的には「売り手よし、買い手よし、世間よし」として近江《おうみ》（現在の滋賀県）出身の近江商人の理念を表すものとして理解されています。しかし実際には、近江商人が活躍した江戸時代や明治時代にはこの言葉は存在しておらず、昭和の終わりごろになって近江商人の研究者が近江商人の考え方を分かりやすく表す用語と使い始めたのが始まりとされています。

実は、それより以前の昭和の初期にモラロジーの創建者である廣池《ひろいけ》千九郎《ちくろう》が「自分よし、相手よし、第三者よし」というかたちで「三方よし」を教訓として用いており、この言葉が近江商人の理念を表すために援用された可能性が指摘されています。

「三方よし」は、日常生活の中でも応用することができます。人は直接かかわり合う人に対しては、相手のことも配慮した行動をとることが一般的でしょう。

しかし、そのとき直接の相手ではない周囲の人に対しても同じように配慮した行動がとれるでしょうか。気づかないうちに誰かに迷惑をかけたり、困らせたりすることが起こりえます。

「三方よし」は、直接の相手のことだけに意識が向いてしまうという人間の視野の狭さに対する戒《いまし》めとして捉《とら》えられます。周囲の第三者にまで意識して思いやりのある行動をとることが、さらによい結果を生み出すのです。

第1部
基礎編

第4章
普通道徳から最高道徳へ

1 普通道徳の必要性と限界

〈テ p.52〜55〉

普通道徳の限界

道徳実践に伴いやすい「盲点」に注意しないと、
思っていたような効果や結果を得られません

「自分は正しい」のにうまくいかない理由

誰でも、日常生活の中でルールを守っているのに、あるいはよかれと思って行ったのにもかかわらず、予想どおりの結果を得られずに、かえって反発を招いたり、状況がややこしくなったという経験があるのではないでしょうか。

道徳の問題は、正しいことや優しいことを「するか、しないか」だけではありません。正しいことや優しいことを「したのに」他者から誤解されたり軋轢《あつれき》が生じてしまうことは珍しいことではないでしょう。その際に「自分は正しい、間違っていない」という部分に固執《こしつ》してしまうと、問題そのものの解決から遠ざかってしまいます。

モラロジーでは、日常的な道徳の判断や実践には、次のような注意すべき〝盲点〟があると指摘しています。

①感情的な道徳

たとえば、「かわいそう」「優しくしたい」という感情は、道徳の実践上とても重要ですが、そのような動機だけでは相手のニーズを見誤ったり、過保護な対応から相手の成長の機会を阻《はば》むことがあります。

②要求的な道徳

一般的に、初めは純粋に相手のことを思って行ったことでも、次第に返礼をしない相手に不平や不満を感じたり、非協力的な周囲の人物を責める心が生じがちです。

③形式的な道徳

道徳の実践において、「今までこうしてきた」「皆がそうしている」などの理由や、表面的な形式が強調されすぎると、その道徳が思いやりに欠けた冷たいものになったり、不測の事態に十分対応できなくなったりしてしまいます。

④調和を欠く道徳

「自分は正しい」という意識が強すぎると、無理を重ねて体調を崩したり、他者との協調性を無視したりすることがあり、心身や集団の調和を乱します。

このように、私たちは不道徳な言動には自他共に注意し、改善するよう努めますが、一旦、何かを道徳的と判断すると、それに伴う四つの注意点を見過ごしてしまいます。モラロジーでは、これらの道徳実践上の盲点を「普通道徳の限界」とし、その改善をめざしています。

2 求められる最高道徳

〈テ p.56～61〉

最高道徳による解決

自己の利害から離れるという世界の諸聖人が示した「最高道徳」の実践が、
現代社会の諸問題を解決する糸口になります

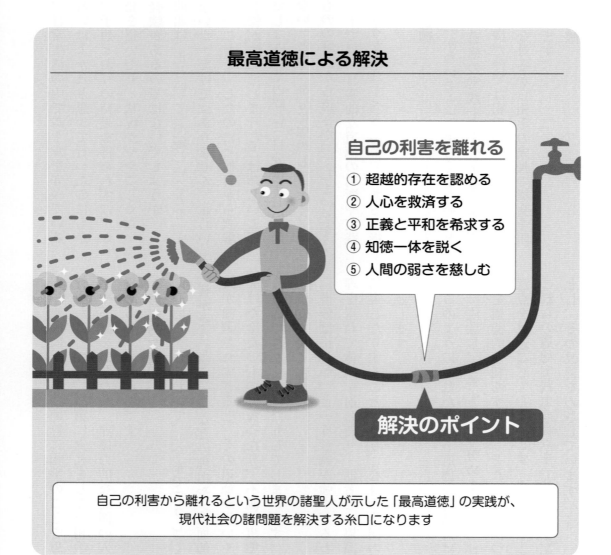

自己の利害から離れる

現代において、未解決のまま事態が深刻化していく諸問題の背景には、「自分が正しい」と考える道徳的価値観の限界があります。

たとえば、環境問題では各国の意見が食い違うために、国境を越えた環境保護が行えない現状があります。身近なところでは、子供の教育方針の食い違いから離婚に至るケースもあります。

これらはどちらも各自の立場や価値観を主張しすぎることが原因で、大切にしたいものを守り育てるという共通課題の解決を困難にしている事例です。

現代社会が抱《かか》えるこうした難問への手がかりを、モラロジーでは世界の諸聖人（ソクラテス、イエス、釈迦《しゃか》、孔子《こうし》など）の心の用い方に求めています。彼らは私たちが考える普通の道徳とはまったく異なる視点から示唆《しさ》を与えているからです。

では、私たちが考えている道徳に欠けていて、諸聖人の道徳に共通して備わっている特質とは、いったいどのようなものでしょうか。

それは以下のとおりです。

①自己の利害を離れて、人間を超えたもの（天、神、法、自然など）の存在を認め、その働きを愛や仁、正義や慈悲の心と捉《とら》え、幸福実現の指針とする（超越的存在を認める）

②自己の利害を離れて、人間の精神の育成と救済に努める（人心を救済する）

③自己の利害を離れて、正義と平和を希求する

④自己の利害を離れた「品性」を養うことを重視する（知徳一体を説く）

⑤自己の利害を離れて、困難に直面して苦悩している人、悲しんでいる人、迷っている人、その一人ひとりの心を救い、希望を与える（人間の弱さを慈《いつく》しむ）

これらに共通しているのは、自己の立場を超え、自己の利害を離れるところにあります。聖人たちは自己の利害から離れることが、真に自己を大切にすることにつながると示してくれています。

モラロジーでは、世界の諸聖人に共通する道徳を「最高道徳」と呼んでいます。どれも決して簡単なものではありませんが、最高道徳を基盤として現代社会の解決困難な課題に向き合うことが、ますます必要となってきているのです。

3 聖人の精神の継承と発展

〈テ p.61〜64〉

同時期に誕生した諸聖人

名前	ソクラテス	イエス・キリスト	釈迦	孔子
生歿	前470〜前399	前4?〜後28?頃	前566頃〜前486※諸説有	前551〜前479
生涯	40歳ごろから思索を始め、市民との対話を通じて、あるべき生き方を説いた。毒杯を仰ぎ刑死	30歳のころに洗礼を受け、神の子としての自覚を持ち神の愛を伝道した。十字架にかけられ刑死	29歳のときに出家し、35歳のときに菩提樹の下で真理に目ざめ悟りを開いた。病で死去（入滅）	52歳のときに魯の官吏となるが、後に去り、14年間諸国を遊説し、徳治政治を説いた。74歳で死去
継承者	プラトン、アリストテレス	ペテロ、パウロ	摩訶迦葉、阿難陀	顔淵、子貢、曾参、子思
文献	『ソクラテスの弁明』、『クリトン』	『新約聖書』	『スッタニパータ』、『ダンマパダ』	『論語』
言葉	「ただ生きるということではなく、善く生きるということ」	「自分を愛するように、あなたの隣人を愛しなさい」	「あらゆる生きとし生けるものが安楽であるように」	「己の欲せざるところは人に施すことなかれ」
概念	プシュケー（魂）、アレテー（徳）	アガペー（神の愛）	ダルマ（法）、ニルヴァーナ（涅槃）	仁、忠恕
現在形	哲学・倫理学	キリスト教	仏教	儒学
一貫性	人心の開発と救済			
共通性	最高道徳の実行者			

諸聖人は地球上の東西にわたる地域に同時期に誕生し、
人類の教師として生きる指針を示しました。
モラロジーでは、諸聖人の精神や事績に共通する道徳を「最高道徳」と名づけています

「最高道徳」に学ぶ

現代社会には、複雑で深刻な問題や課題が山《さん》積《せき》しています。モラロジーでは、その改善・解決の糸口を世界の諸聖人（ソクラテス、イエス、釈《しゃ》迦《か》、孔子《こうし》など）の心づかいと実践に求めています。そして、聖人に共通する、自己の利害を超えた道徳を「最高道徳」と捉《とら》えています。

こうした聖人とその精神は、紀元前六世紀から紀元後一世紀にかけて、地球上の四つの地域に並行して誕生した人類の「精神革命」とも呼ばれています。

すなわち、人類の心の内に変革が生じたのです。その後、聖人の精神は弟子や門人によって受け継がれるとともに広く行き渡り、図に整理されているように、それぞれが哲学・倫理学、キリスト教、仏教、儒学として、多くの人々に影響を及ぼしてきました。

こうして諸聖人の精神は時代や地域を超えて、維持・発展される、いわば道徳の系統として、今も私たちに生きる指針を与えてくれているのです。

しかし一方で、諸聖人の教説は、学問や宗教という形として、受け取る人や文化によって独自の解釈が生まれ、さまざまに派生していきました。

その過程で、宗教などでは衝突が引き起こされてきたのも事実です。こうした対立の歴史を繰り返さないように、人類は今、新たな段階を迎えているのです。

その一つにグローバル化が進む中で、宗教や文化の違いを乗り越え、互いに多様性や特殊性を認め合い、共生を図ろうと、人類共通・共有の「コモン・モラリティ」（共通道徳）を形成しようとする動きがあります。

モラロジーは、諸聖人の示した「最高道徳」を固有の宗教や文化の中にとどめることなく、その多様性や特殊性の中に共通性を探り、現代の諸科学の知見も取り入れつつ、人類の安心、平和、幸福を実現する道徳を確立しようとする学問です。

そうした意味では、今日、人類に求められている「コモン・モラリティ」の形成に、あるいは新たな倫理・道徳の構築に、モラロジーの「最高道徳」は大きな示唆《しさ》を与え得る可能性を十分に有しているのです。

第4章 コラム

キーワード

コモン・モラリティ

多様性を尊重するための4原則

グローバル化が加速する現代社会においては、人種や国籍、年齢、性別などの多様性の尊重が叫ばれるようになっています。しかし、実際には同じ人種、同じ国籍などの共通する性質を持つ人々が集まって集団を作り、ほかの集団と対立するという現象が起こっています。それどころか、集団の中でさらに主義主張や好き嫌いなどにより細分化された多様性が生まれ、その集団内で対立が起こる場合もあります。

このような現象を回避するため、どのような立場、境遇の人であっても、それを大事だと認められる「コモン・モラリティ」(共通道徳)が求められています。これに関して、医療倫理の第一人者であるトム・L・ビーチャムは次の4つの原則を提唱しています。

①**自律尊重原則**：自分で考えて決めた自己決定は尊重されなければならない

②**無危害原則**：幸福を追求するとき、他人や地球環境に危害を加えてはならない

③**恩恵原則**：他者を愛し、他者の利益を高める行為を行わなければならない

④**正義原則**：自他の幸福追求は公平・公正でなければならない

現代の医療や介護の現場は、この4原則で運用されています。しかし、自律尊重原則を重視するため、患者の好き嫌いで決めたことの範囲内でしか治療などが提供できない場面も生じ、それが必ずしも適切な対応にならないという限界も指摘されています。これは医療だけの問題ではありません。個人の自己決定権を尊重しすぎるがために、社会の秩序が乱れてしまうという問題として散見され、モラロジーにおいてもその解決に向けた研究が進められています。

第2部
実践編

第5章
自我の没却

1 自我について
2 自我没却のめざすもの

〈テ p.68〜74〉

気づきにくい自分の自己中心性

自分の自己中心性は見えにくいので、努めて見ようとする必要があります

自己中心性の表れ

「身近に自己中心的な人はいますか？」と聞かれれば、誰でも一人や二人は顔が思い浮かぶのではないでしょうか。

一方で、自分の自己中心性を十分に理解し、説明できる人はほとんどいません。「身近な自己中心的な人」を尋《たず》ねられ、自分の顔を思い浮かべたという人は、おそらくいないでしょう。

自分の背中を直接見ることができないように、みずからの自己中心性を意識するのは困難です。この自己中心性は誰もが持っていますが、過度に働けばさまざまなトラブルに見舞われます。

『モラロジー概論』で用いる「自我」という言葉は、このような自己中心性のことを意味し、次のような特徴が挙げられます。

①適切な範囲・程度を超えやすい

食欲・性欲・物欲などの欲求は、日常生活に不可欠な面がある一方で、容易に適切な範囲や程度を超え、周囲に迷惑をかけたり、みずからの身体的・精神的健康にも支障を来《きた》します。

②他者と比較する際に表れやすい

他人のすぐれた能力や恵まれた境遇に対しては、羨望《せんぼう》や嫉妬《しっと》心が生じ、逆に、自分の良い部分は自己顕示欲によって周囲に過度にアピールしがちです。このような感情や態度は、他者を排斥《はいせき》したり、あるいは他者が近寄らないなど、対人関係を損《そこ》ないます。

③所属する集団をひいきしやすい

会社や学校、地域、国家など私たちはさまざまな集団に所属していますが、所属する集団への愛着心が過度に強くなると、自集団への誇りや優しさだけでなく、他集団への無関心や敵愾《てきがい》心が生じることがあり、集団間の無用な衝突の原因となることがあります。

私たちが自分の自己中心性の問題に気づきにくい原因の一つは、それらがある程度まで自然で望ましいことだからです。前述した生理的・社会的な欲求、他者に対する配慮、自集団への愛着は、社会から是認《ぜにん》されるだけでなく、むしろ奨励《しょうれい》されることもあります。

それらが同時に持つ「利己的」な部分を見るには、よく見えている人、つまり周囲の人の言葉に耳を傾ける必要があります。「良薬は口に苦し」ということです。

3 自我没却の方法

〈テ p.74～76〉

慈悲の心を働かせる

「自己中心性」という重しを取りはずし、
「慈悲」という火を灯し続けることが、品性向上につながります

自己中心性から解き放たれるためには

私たちは誰しも、自己中心性を持っています。

しかし、私たちは自分の自己中心性に気づきにくいという問題を抱《かか》えています。では、こうした自己中心性が過度に、あるいは偏狭《へんきょう》に働くことなく、そこから解き放たれるにはどのようにすればいいのでしょうか。その方法を探ってみましょう。

①自己中心性の働きを自覚する

まずは、私たちには自分の思いどおりに物事を運ばせようとしたり、自分の都合に人を合わせようとする傾向があることを自覚することです。こうした言動は対人関係でトラブルを引き起こすため、つねにみずからの言動を冷静に見つめ、振り返る習慣を持つことが大切です。

②視点を変える・広げる

また、対人関係において、なんらかの問題で対立や衝突をした場合は、一度相手の立場に立って問題を捉《とら》え直すことです。視点を反転することで、相手の真意がはっきりと見えてきます。それでも解決の糸口が見えない場合には、第三者の視点から問題を捉えてみることです。広く高い視点から全体の状況を見つめることで、問題の本質が見いだせ、適切な言動が明らかになっていきます。

③慈悲の心を発揮《はっき》する

一方で、良好な対人関係を願って、自分の言動を抑制したり、必要以上に他者に気をつかったり、空気を読みすぎてしまうことに疲れている場合には、発想の転換が必要です。むしろ、より前向きに優しさや思いやりを持って他者に接していくのです。真に他者の幸福を願って何かをしているとき、自分本位の言動は少なくなっているものではないでしょうか。つまり、慈悲の心を積極的に働かせようとしているとき、自己中心性は自《おの》ずと薄らいでいくのです。

このように、①や②は自己中心性を減らしていく試《こころ》みであり、③は慈悲の心を増やしていく行いといえます。自己中心性から解き放たれるためには、「自己中心性」という重しを適度に取りはずしつつ、他者への「慈悲」という火を灯《とも》し続けていくことが求められるのです。

こうして私たちは品性の向上とともに、人生上の困難という山々を乗り越えていけるのです。

4 自我没却の意義

〈テ p.77～79〉

人間としての器を広げる

大我に同化するのは簡単ではありませんが、
聖人を目標に「器の大きい人」をめざし、自分と他者の喜びを一致させましょう

狭く小さな心から広く大きな心へ

ここまで第五章では、自己中心的になりやすい心づかいをあらためるために、「みずからを省《かえり》みること」「視野を広げること」「慈悲心を発揮《はっき》すること」などについて考えてきました。今回は、「自我の没却」の理想である「小我《しょうが》を棄《す》てて大我《たいが》に同化する」を取り上げます。

ここでいう「小我」とは、個人的な利害や関心に捉《とら》われた状態をさすのに対して、「大我」は万《ばん》物《ぶつ》を生み育てる大いなる自然の働きのことです。そのような大きな働きへみずからの考え方や行動を一体化させる感覚は、容易に得られるものではないでしょう。この大我に同化することを、みずから体現した存在が諸聖人であり、そのたぐいまれな事跡と教えが、長い年月を超えて聖人として尊《とうと》ばれるゆえんでもあります。

聖人の教えを学ぶとき、私たちはそれまで考えていたことやこだわっていたことが、狭く小さく偏《かたよ》っていたと気がつくことがあります。それは、広い空や海を見たときに、自分が思い悩んでいたことがとても小さく感じるのに近いかもしれません。

私たちは、すぐに聖人のように判断し、行動できるようになるわけではありません。それでも聖人の教えや事跡を参考に、「人間としての器を広げる」ように努めるのであれば、それは大我に同化する一助になるでしょう。

たとえば、広い視野を持ってみんなのために働ける人や、問題や困難に遭遇しても他者を責めずに建設的な態度や行動がとれる人の周りには、多くの人が集《つど》います。

また一方で、小我を棄てるとは、他人や社会のために自分のあらゆる願望や欲求を犠牲にし、我慢することではありません。

第五章の冒頭では、青年期の発達課題である自己を確立し、自分らしさを大事にすること、いわゆる「自己の同一性」にも触れています。みずからの意見や考え方を大切にしながら、他者のことも同じように尊重できるようになる。そのような人同士が集まる社会の構築は、私たちがめざす理想の一つといえます。

「自分の喜び」と「みんなの喜び」とが矛盾せず、自分と同じように周囲の人を大事にできるようになる地点に、自分に真の利益をもたらす「己利《こり》」を見つけることができるのです。

第5章 コラム

キーワード

煩　悩

克服したい
“貪りの心・怒りの心・無知の心”

煩悩《ぼんのう》とは、人の心を悩ませたり体を苦しめたりする、心の働きや穢《けが》れをさす仏教用語の一つ、「苦しめる」という意味のサンスクリット語を訳したものです。この煩悩について、仏教では人が清らかに生きていくうえで妨《さまた》げになるもの、人が苦しみを感じる原因であると説いています。

そして、煩悩には「三毒《さんどく》の煩悩」という三つの毒があり、「貪欲《とんよく》・瞋《しん》恚《い》・愚痴《ぐち》」、すなわち、食欲、物欲、性欲といった貪《むさぼ》りの心の「貪」、自分の正義を譲らないために生じる他者への怒りの心の「瞋」、気づかない・無自覚という無知の心の「痴」からなるものです。

このように、人間であれば誰もが煩悩を持っているので、まったく持っていないという人はいないでしょう。その煩悩によって人間は欲も多く、怒りや妬《ねた》む心が生まれてくるといいます。仏教は煩悩をやめなさいとは言いません。人の苦しみの原因になるため、清らかに生きるには克服《こくふく》する必要があると教えています。

『モラロジー概論』の第5章に述べられている自我没却《じがぼっきゃく》は、諸聖人の教えに立脚して人間の自己中心的な考え方から離れ、他者や社会の幸福、安心を実現する生き方への転換をめざすものです。煩悩はそのような人間の根本的な自己中心性を表しているのでしょう。

一方で、「煩悩」と同じように広く使われる言葉として「本能」があります。ただし「本能」はすべての動物が持っている欲求や能力で、生きるために欠かせないものであり、人間だけが持つ心の働きである「煩悩」とは異なることに注意が必要です。

第2部
実践編

第6章
正義と慈悲

2 宇宙的正義の実現に向けて

〈テ p.88～89〉

「自分の正義」を超える

私たちはより高い次元の正義を考えることで、
衝突を招きやすい「自分の正義」を超えることができます

より高い次元に立つ

ここに、一つのケーキを取り合って争う兄弟がいるとします。二人がそれぞれ〝自分のケーキだ〟と主張し、なかなか解決しません。しかし、兄は母親から「兄弟は仲良くしてほしい」と言われ、渋々ではありますが、母親の気持ちをおもんぱかり始めました。

兄も「自分の言い分」は捨てられなかったようですが、どうにか解決できないかと考え始めたようです。

これは子供に限った話ではありません。「正義」は「思いやり」と並んで道徳の大きな柱ではありますが、その使い方には工夫が必要です。

一般的に、正義は行う人によってその内容が変わります。私の考える「正しさ」があなたや他の人たちにとっても、いつも正しいとは限らないのです。

そのため、正義を主張すればするほど人を責め、自他共に傷つけてしまう可能性があるのです。しかし、だからといって正義がなければ、社会がまとまらないことも明白な事実です。

では、こうした「自分の正義」を超えるためには、どのように考えたらよいのでしょうか。

歴史上、人類の教師と称《たた》えられてきた諸聖人（ソクラテス、イエス、釈迦《しゃか》、孔子《こうし》など）は、宇宙自然の偉大な働きを真摯《しんし》に学び、そこから人間が生存し、発達するための道を明らかにしてきました。

それは自分本位の正義を超えて、より高い次元に立ったものであり、モラロジーではこれを「宇宙的正義」と呼んでいます。

これをもう少し具体的に見ていくと、そこには、あらゆるものが相互に関係し合う世界観が示されています。

森羅万象《しんらばんしょう》が互いに連絡し、支え合っていることを悟り、その中のすべてを自分と同じように尊重し、全体の調和と発展を図ることをめざすとき、「正義」は特定の個人だけを守るものではなく、すべてのものを分け隔《へだ》てなく公平無私に育てる働きとなります。

私たちがこうした働きの中で生かされて生きていることに気づくとき、自分本位の正義から離れ、視野の広い正義に向けて進むことができるのです。

3 正義を実現するための慈悲①

〈テ p.90～97〉

「思いやり」から「慈悲心」へ

モラロジーがめざす慈悲心は
「相手」や「負担」などの条件を超えた公平な心づかいです

より広く、より深い心をめざす

私たちは日常生活の中で、他者を思いやったり、他者から優しくしてもらうことがあります。これらの経験とモラロジーでいう「慈悲心」とは、何が違うのでしょうか。

「思いやり」や「優しさ」は日常的に行われていますが、それらにはいくつかの条件が伴うことも、誰もが認めることでしょう。「相手が誰なのか」や「実践にかかる負担」などの条件は、思いやりや優しさの判断と実践に大きく影響します。知らない人や意見の対立する人に対し、家族や友人と同じように優しく接するのは簡単なことではありません。

また、思いやりの実践には、落とし物を拾うという些細《ささい》なことから、溺《おぼ》れている人を助けるといった危険を伴うものまでさまざまな種類があり、負担が大きくなるほど実践は困難になります。

諸聖人の「慈悲心」は、このような相手や負担などの条件を超えて、あらゆる人のために犠牲を払う、公平な心です。たとえば、『新約聖書』の「善きサマリア人のたとえ」では、イエスは自分とは別集団に所属するケガ人を助けるために犠牲を払ったサマリア人のように、相手を問わず、深く愛するように説いています。

このような「相手を選ばない・犠牲をいとわない」慈悲心の実現が容易でないことは、敵国兵をも看護したナイチンゲールや、生命の危険を顧《かえり》みずに多くのユダヤ人を救助した杉原千畝《すぎはらちうね》の偉業が、時代や文化を超えて称《たた》えられることからも明らかです。そうした偉業は簡単に真似《まね》ることはできませんが、彼らが私たちと同じ人間であることには励まされます。また、私たちの周囲にも目標となりうる「慈悲深い人」がいるものです。

慈悲心を発揮《はっき》するのが難しい理由は、人間の感情の働きにあります。困っている相手が、家族や仲間のように自分に近いほど「かわいそう」という同情心が強くなりますが、知らない人や嫌いな人であれば、「面倒だ」「もったいない」などの負担に関する感覚が強くなります。

この感情の働きは自己中心性の一部ですが、普段は意識されません。感情の影響に気をつけながら思いやりの範囲や程度をできるだけ広げることが、慈悲心を発揮する一歩となるでしょう。

3 正義を実現するための慈悲②

〈テ p.90〜97〉

8つの慈悲の心づかい

自己	他者	共同体	自然

① 公平と平等の心
② 人を育てあげる親心
③ 恩人に対する感謝報恩の心
④ 人の弱さに寄り添うケアの心
⑤ 建設的な心
⑥ 物事を独占しない心
⑦ 自分の苦労の成果を分け合う心
⑧ つねに自己に反省する心

慈悲寛大自己反省

モラロジーでは、正しいことが実現されるためには、
人や社会、自然に対する心づかいだけでなく、
自身に対する心づかいという「慈悲寛大自己反省」の精神が求められると考えます

みずからの言動を反省する心

私たちの生活の中で、正しいことが実現するには、慈悲の精神が求められます。では、その慈悲という言葉からは、具体的にどのような心づかいを思い浮かべるでしょうか。

『モラロジー概論』では、慈悲の心づかいを次の八つのあり方で説いています。

①**公平と平等の心**：差別をせず、誰に対しても分け隔《へだ》てのない心です。

②**人を育てあげる親心**：人の成長を願い、見守る親心のようなものです。

③**恩人に対する感謝報恩の心**：私たちを支えてくれている恩人に感謝の気持ちで報《むく》いていこうとする心です。

④**人の弱さに寄り添うケアの心**：いたわりを持ち、人間を優しく受け入れる心です。

⑤**建設的な心**：人の幸福や社会の発展を願って、何事にも粘《ねば》り強く努力する心です。

⑥**物事を独占しない心**：周囲の人たちの立場や気持ちに配慮して、他者の役割や可能性を独《ひと》り占めしない心です。

⑦**自分の苦労の成果を分け合う心**：みずから苦労して得た成果を他者や社会と分け合い、生かし合おうとする心です。

⑧**つねに自己に反省する心**：人間が不完全な存在であることを前提に、みずからの言動を反省する心です。

慈悲は①から④のような人や社会への道徳的な働きかけを連想しがちですが、モラロジーでは⑧に象徴される自己の言動やあり方を振り返り、あらためることも含まれています。すなわち、モラロジーの慈悲は「慈悲寛大自己反省」と表せます。つまり他者や共同体、自然に対して慈《いつく》しみを持って寛大な心で向き合い、かつ自己に対して謙虚に反省する精神です。

このようにモラロジーは、慈悲の心づかいの内外への発揮《はっき》に、自分本位の自己中心的な正義を超えた、人類の安心と平和につながる真の正義の実現をみるのです。

生活の中で、正しいことが実現しないときには、みずからが考える慈悲を問い直し、みずからの慈悲の「クセ」を把握してあらためるところに慈悲の心づかいを高め、広げていける、品性の向上へのヒントが隠されているのです。

第6章 コラム

キーワード

『クリトン』

ソクラテスが説く国家と国法

「お前は忘れてしまったのか。祖国は父母やすべての祖先たちよりも尊《とうと》く、厳《おごそ》かで、神聖だということを。神々も、心ある人たちも、祖国のことをとても尊重しているということを」

紀元前399年、ソクラテスは死刑に処せられます。享年《きょうねん》70。『クリトン』は、獄中で平静に過ごす彼と、脱獄を勧めにきた老友クリトンとの対話篇として、高弟《こうてい》のプラトンが描《えが》いた著作です。

ソクラテスは不法（不正）の刑を目前にして、国法は遵守《じゅんしゅ》すべきであり、その権威は父母の権威よりも重いと考えます。なぜならば、父母は私たちに生存・養育・教育の恩恵を与えた存在ですが、その前提には国家というものがあるからです。

何が正しいかを知っている者は正しいことを行う──、それが彼にとっての「知る」という意味でした。その最期は、人類の道徳的諸力によって成立した「国家（国法）」という存在の神聖さを知るソクラテスの、生きる姿勢そのものだったといえます。

父母および国家の尊重とは、みずからの生存・養育・教育における「恩人」の発見（自覚）にもとづくものですが、実はその根源をたどると、人知によって完全には知り得ない何者かが在《あ》ることに気づきます。

だからこそソクラテスは「本当の知者は神だけ」と言い、“正しく”考えることで真知を求め続ける者にのみ自覚される「無知」という言葉を生きたのです。

第2部
実践編

第7章

義務の先行

1 権利の尊重と義務

〈テ p.102～107〉

恩を送る3つの段階

私たちには、過去世代の義務を受けて、権利を得て、
自分の義務を果たし、未来世代に譲る役割があります

未来世代に恩を送る

「義務」と「権利」と聞いて、あまりいいイメージを抱《いだ》けないのは、私だけではないでしょう。

このように感じるのは、義務には「やらなければならないもの、やらされるもの」、権利には「声高《こわだか》に主張するもの」という印象があって、日ごろの生活に馴染《なじ》みがないと感じているからかもしれません。

ところが、モラロジーの視点からは別の風景が見えます。私たちが送っている日常生活の視野よりも広く、奥行きがあるのです。そこでは、今を生きる個人に止《とど》まらず、世代を超えた見方をします。まるで「恩」というバトンを引き受け、次に引き渡すリレーランナーのように考えることができるのです。

図をご覧ください。右側にいる過去の世代は、自分たちが行ってきた道徳的な苦労（義務）を現在の世代に権利として渡そうとしています。現代の世代はそのバトンを受け取り、いざ走り始めようとしたとき、その重みに気づき、何かを感じ取ったようです。そして、次の世代につなぐために懸命に自分の役割を果たそうとしています。

私たちの生活が先人の道徳的な実践によって成り立ってきたと考えるとき、その恩恵は世代をわたって引き継がれ、引き受けられ、引き渡されてきたことに気づきます。こう考えると、今を生きる私たちには、これまでのどの世代もそうであったように、この恩恵を未来につなぐ責務を担《にな》っており、その選択をする〝権利〟を与えられていることが分かります。

私たちが生きがいのある豊かな人生を築くには、さまざまな恩恵に「支えられて生きている」ことへの自覚が大切だといわれています。モラロジーでは、こうした自覚のもとに、社会的な義務や責任を積極的に果たそうとすることが道徳の実行であり、品性の向上につながるとしています。

一般的に義務は「しなければならないもの」と捉《とら》えがちですが、多くの存在に支えられている社会の一員として、「喜んで奉仕させていただくもの」と受け止め方を変えると、見える風景が変わってきます。自分を支えるさまざまな恩に思いを馳《は》せて恩を知り、感じることが初めの大切な一歩になるでしょう。

2 道徳としての義務先行

〈テ p.107～111〉

積善と贖罪が実行の推進力

積善と贖罪は一方だけでも前進はできますが、両輪一体となることで
より道徳実行への道は安定し、強い推進力を生みだします

未来へ向かう推進力

義務先行とは、さまざまな恩恵に支えられて生きているという自覚のもとに、社会の一員としての責任を自発的に引き受け、率先して果たしていくことを示しています。こうした基本的態度が社会全体をよりよくし、自分の品性を向上させることは、誰の目にも明らかなものでしょう。

しかし、この見通しのよい道を前進していくのはなかなか大変です。『モラロジー概論』では、この道を進んでいくための推進力として、①「善を積む」（積善《せきぜん》）、②「罪を贖《あがな》う」（贖罪《しょくざい》）の二つを提示しています。

積善と贖罪はどちらか一方だけでも前進はできますが、一輪車と自転車の違いのように、両輪一体となることでさらに安定し、強い推進力を生みだします。

率先して道徳を実行する人は、その分だけ貴重な経験を積んでいます。こうした経験はさまざまな実際問題を解決する能力を高め、周囲から信頼され、必要とされる人物になっていきます。こうした信用や信頼こそ、培《つちか》われた品性や人格といえるものです。「自分の品性や人格を形作るために、私は率先して貢献しなければならない」という「積善」の自覚は、前に進む力を与えてくれます。

また、さまざまな恩恵に支えられて今の自分があると分かっている人ほど、自分を振り返って「先人に申しわけない」「お天道さまに申しわけない」と思うものです。「こんな自分だからこそ、率先して貢献しなければならない」という「贖罪」の自覚は、前に進む力となります。

ここで次のような疑問が浮ぶかもしれません。自分の「積善」ばかり意識すると自分中心になってしまい、一方で、自分の「罪」ばかりを意識するとまるで返済できない莫大な借金を抱《かか》えているようで、前に進む気力がなくなってしまうのではないか、と。

しかし、実際には「積善」にもとづく実践は「贖罪」にあたる恩恵の理解を深めるものです。また、「贖罪」にもとづく実践は「積善」としての人格的完成を促《うなが》すことにつながっています。「積善」と「贖罪」はそれぞれ異なる一輪車ではありません。それらは自転車のように両輪が一体となることで安定感を生みだし、この道を前進する力を与えてくれているのです。

3 義務先行の方法

〈テ p.111〜114〉

義務先行を果たすとは

物事に取り組む動機や目的、意識を変えることで、
私たちが普段行っている当たり前のことが、立派な義務先行になるのです

動機を変えればもっと身近に

「義務先行とは道徳的な責務を率先して果たしていくことである」と聞くと、少し構えてしまうことはないでしょうか。義務先行が私たちにとって重苦しく難しいことではなく、喜びをもたらす身近でやりがいのあることでもあるということを示したいと思います。

モラロジーでは、私たちの生活は今を共に生きる人々との支え合いと、先人の献身の上に成り立っていると考えます。こうした人と人との縦横の相互依存・相互扶助《ふじょ》の関係性を理解することが、義務先行を果たしていく出発点となります。

こうした考え方のもとで、次代を育てることは大事な義務先行の一つです。たとえば、上司として部下を一人前にすることが当てはまります。しかし、社内でよい評価を得たいというような私心からではなく、自分もかつて上司に仕事を教えてもらい、育ててもらったから、というような報恩の精神で取り組んでいくことが重要です。

また、社会環境を改善することも義務先行の一つです。たとえば、節電や節水に気をつけるといった身近な環境改善などです。しかし、単に経済的負担を少なくしたいからというよりは、限りある資源やエネルギーを大切に使わせていただく、という心持ちで行うことが肝要です。

このように、義務先行は独《ひと》りよがりな利己心や、あるいは負担としての義務感などの消極的な動機からではなく、他者や社会の幸福のために貢献させていただくという積極的な動機で行うことであるといえます。当番で決まっていることだから仕方なく地域清掃に参加するのと、地域社会の一員として明るい街づくりに参画しようと思って参加するのでは、同じ掃除であっても、本人にとっても社会にとってもその意味合いは大きく異なります。

つまり、物事に取り組む動機や目的、意識を変えることで、私たちが普段行っている当たり前のことが立派な義務先行になるのです。その意味で義務先行の「義務」は、決して「負担」や「重荷」を意味しないのです。

こうした率先した義務先行の精神と遂行《すいこう》はみずからの品性を高めるとともに、みずからの生きがいや喜びをもたらしてくれるものでもあるのです。

キーワード

ハラスメント

キーとなる ルールの整備と“共感的関係”

昨今、社会問題化している「ハラスメント」は、いろいろな場面での「嫌がらせ・いじめ」を意味します。男女間のセクシャル・ハラスメント（セクハラ）、上司と部下との間のパワー・ハラスメント（パワハラ）、飲酒強要などのアルコール・ハラスメント（アルハラ）、大学などに見られるアカデミック・ハラスメント（アカハラ）など種類はさまざまです。意図《いと》的でなくても、発言や行動で相手を不快にさせたり、尊厳を傷つけたり、不利益を与えたり、脅威を与えることをさします。

これらは人の心理に深くかかわる微妙な問題なだけに、その対策は規制やルールだけでは不十分です。たとえば、上司と部下の間に「共感的関係」が失われると、それまでの上司の指導や教育の意味が一変し、部下の被害意識を引き起こし、パワハラを成立させてしまうのです。その点、ハラスメント問題の本質は「道徳的」な問題ともいえます。

一方で、被害を訴えているほうの心情や状況への理解が不足したまま親切心だけで早急な解決を図ると、かえって問題を複雑化させ、セカンドハラスメントを引き起こす可能性もあります。当事者の苦しみに寄り添う「共感的姿勢」を大切にしつつも、強い者をくじき弱い者を助ける義侠《ぎきょう》的精神で個別具体的な問題の解決に走らないよう、注意が必要です。広い視野を持って、法の整備を含めた社会環境の改善に取り組む姿勢が欠かせません。

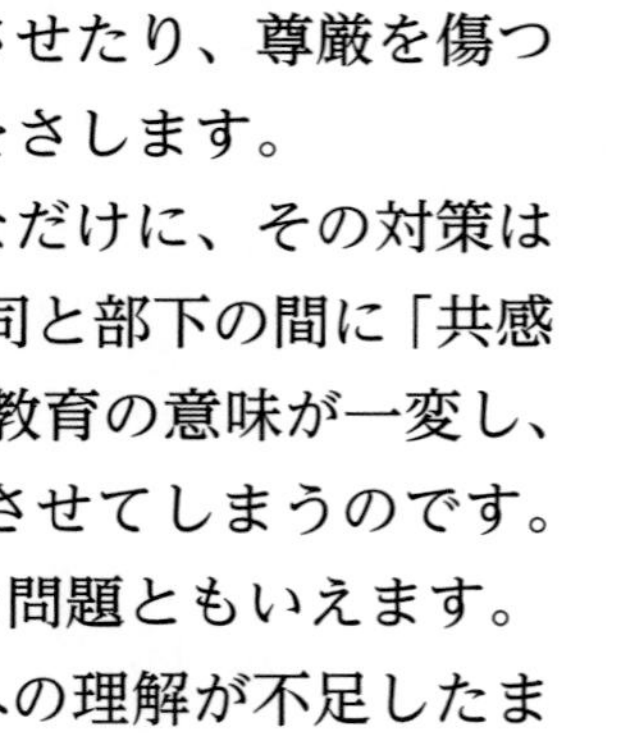

社会の一員として自身が果たすべき「道徳上の義務」を自覚し、みずからの品性を高めることによって関係性や環境を改善していくという問題解決の姿勢、考え方が重要です。

第2部
実践編

第8章

伝統報恩

1 大きな恩恵への気づき

〈テ p.118～122〉

伝統の意味を深める

モラロジーの「伝統」の観念はこれまでの伝統の意味をさらに深め、
未来に向かって私たちの道徳実行を後押しする働きをします

恩人の系列に目を向ける

一般に伝統とは、代を重ねて受け継がれていることをいいます。文化や芸術、学問や思想だけでなく、私たちの日常生活もこうした過去からの積み重ねに支えられて成り立っています。

その一方で、伝統には「古くさい、保守的」という印象がついてまわることもあります。たとえば、日常の生活でもときには過去ばかりに目が向いて、現在の状況や将来が見えなくなる場合があります。また、伝統的な形式を重視するあまりに周囲に気が回らないこともあるでしょう。これではどんなによい伝統でも未来に継承していくことが難しくなります。では、どのように考えていけばよいのでしょう。

モラロジーの創建者・廣池《ひろいけ》千九郎《ちくろう》は、伝統の観念に着目してその意味を深めようとしました。それは、伝統の「形式」と「精神」の調和を、聖《せい》賢《けん》の教えにもとづいて再構成する試《こころ》みでもありました。

モラロジーでは、「形式」を大切にしながらも、それと同じくらいに「心づかい」を重視し、その調和をめざしています。

廣池は「伝統」の観念の中核に万物《ばんぶつ》を育てる「慈悲」の精神を見いだしました。「慈悲」は、聖賢たちが同様に提唱してきたものです。この慈悲の精神を継承して発展させてきた人々の精神と行動によって、私たちは育《はぐく》まれてきたと考えたのです。

モラロジーでは、人類が共通に受けている大恩をもたらした恩人の系列を「伝統」と呼びます。モラロジーを学ぶということは、「伝統」の心を学び、理解し、実践していく過程でもあります。私たちは「伝統」の恩恵に気づいていく中で、自分の存在の意味をつながりの中に見いだすことができます。人生のどの段階にあっても、他者を育てようとする慈悲の心を発揮《はっき》することで、伝統の系列の一員になれるという自覚も深まっていきます。

モラロジーの「伝統」の観念は、形と心づかいの調和をめざし、その中核に慈悲の心を置くものです。それはまた人類共通の恩人とその系列の人々の存在を私たちに気づかせてくれます。「伝統」は私たちの存在の根源を明らかにし、私たちの道徳実行を未来に向かって後押ししてくれているのです。

2 伝統に対する報恩の方法①

〈テ p.122～128〉

知恩・感恩・報恩

次第に大きくなる知恩と感恩に対する報恩の精神には、意志や行動力も重要です。
また、報恩の精神は私たち自身の力にもなります

恩を深める相互のかかわり

五〇〇キロ離れた場所に時速一〇〇キロで車を運転すれば、何時間後に到着するのかは、計算すれば分かります。しかし、その距離を運転するとどのように感じるのかは、実際に経験しなければ分かりません。そして、運転をすれば疲労感や車の性能、天候や渋滞などのさまざまな要因が時速や走行時間に影響することを知ります。運転の実感が知識をあらためるのです。

逆に知ることで感じ方が変化する場合もあります。ある異性から好意を寄せられていると知った後に、自分もその人に対して好意を持つこともあるでしょう。

これらの例は単純ですが、実際に「知ること」と「感じること」は密接にかかわり合っていて、相互に影響しています。これは「恩を知る（知恩《ちおん》）」と「恩を感じる（感恩《かんおん》）」でも同様です。

たとえば、私たちは誰もが母親の胎内《たいない》から生まれ、親の養育と保護の下で暮らしていることを幼少期から知っています。やがて、父親が風邪を引いても出勤していることや、母親が早朝から荒れた手でお弁当を作っていることに気がつけば、感謝の念はいっそう深まります。さらに、将来みずからが親となり、家族を養う立場になれば、その辛《つら》さや苦労を実際に感じることとなり、それまで「知っている」と思い込んでいた親の思いをより深く理解することになります。「子を持って知る親の恩」と言われる所以《ゆえん》です。このような「知恩」と「感恩」の相互のかかわりは、日常の中で頻繁に継続的に経験されます。

家庭や学校、職場、近隣社会など、私たちはさまざまな場面で恩人に出会います。恩人への感謝の気持ちは、その後の言動に大きく影響し、それが「恩に報《むく》いる（報恩《ほうおん》）」の基本となります。

報恩は、直接恩人に報いるものに限りません。恩人の心を受け継ぎ、社会や後世を益することも立派な報恩です。そして、十分に恩に報いていくためには、意志や知恵、行動力も重要になってきます。

モラロジーでは、肉親や日常生活の恩人に加えて、国家や人類全体を守り、善導した存在を大事にします。そのような存在への感謝と報恩の精神を、種々の道徳実践の基礎に据《す》えることにより、みずからの品性や善の力を培《つちか》っていけるのです。

2 伝統に対する報恩の方法②

〈テ p.122〜128〉

横軸の道徳と縦軸の道徳

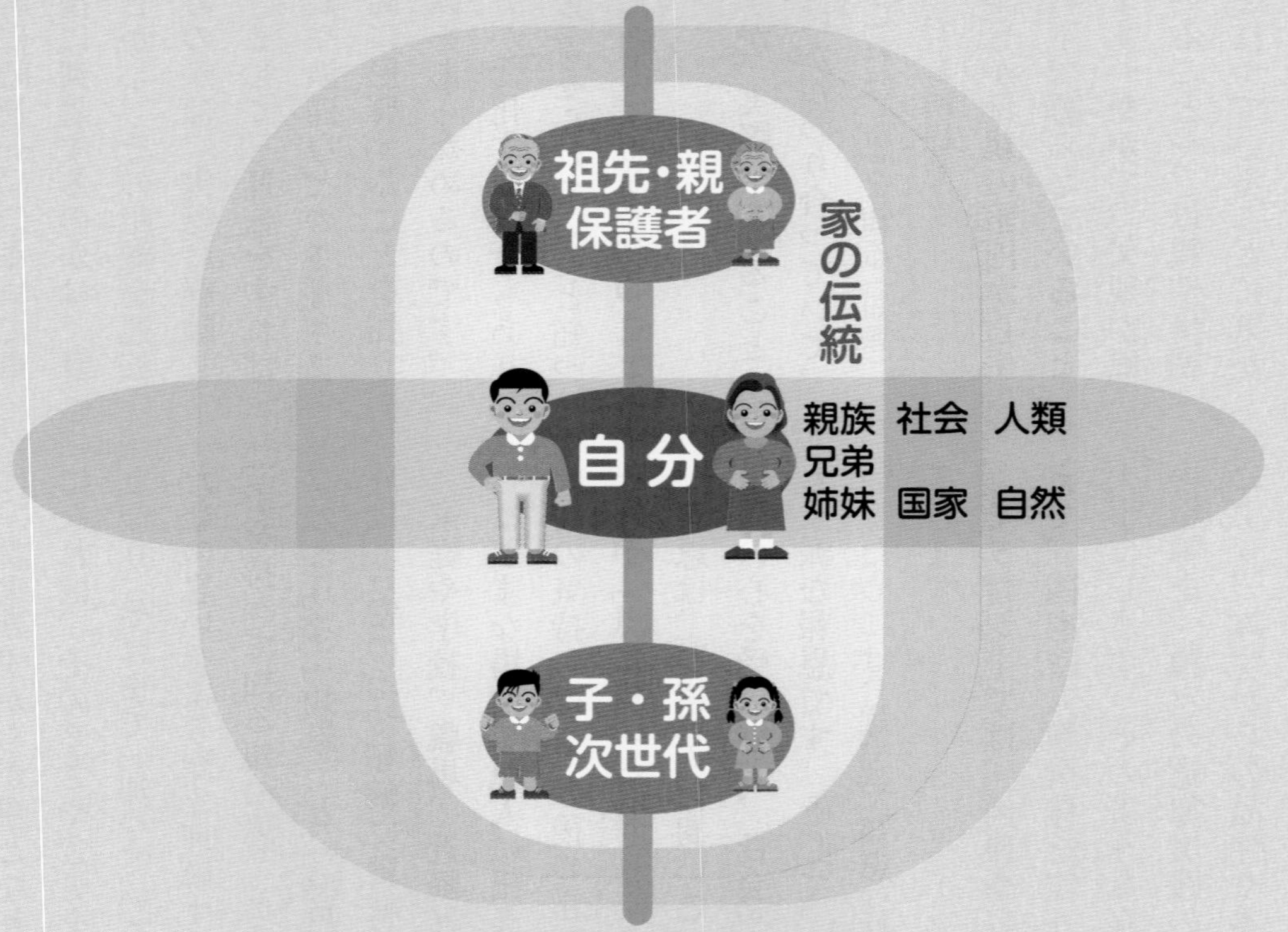

「当たり前」のことと思いやすい縦軸の関係である諸伝統に目を向け、
その恩に報いていくことも品性向上には求められるのです

家族への感謝と報恩

私たちはさまざまな人々に支えられて生かされている存在です。モラロジーはそうした恩人の系列を「伝統」と名づけ、親や祖先などの家庭における恩人の系列を〝家の伝統〟、社会や国家における恩人の系列を〝国の伝統〟、人類の精神を導いてきた恩人の系列を〝精神伝統〟と、三種に分けています。モラロジーは、こうした時間的、垂直的関係のいわば縦軸の関係にある系列への感謝と報恩も、品性の向上につながる大切な道徳としています。

しかし、私たちはこうした諸伝統に対する報恩に積極的ではない傾向にあります。なぜなら、伝統から私たちへの恩恵が「当たり前」のことであると思いやすいからです。たとえば、みずからの命の連続性や偶然性をつねにみずからに問いかける人はいないでしょう。しかし一方で、私たちは誰かに親切にされたり優しくされたりすると、それに返礼しようと報恩の気持ちが湧《わ》き上がります。なぜなら、それらが文字どおり「有り難《がた》い」ことだからです。私たちは、「ありがたい」ことには自覚的ですが、「当たり前」のことには目や気が向かないところがあります。

しかし、よく考えてみると、私たちの生命や生活を根底から支えているのは諸伝統のうち、〝家の伝統〟であるといえます。モラロジーはそうした理解のもとに、家の伝統に対しては次のような報恩のあり方を説いています。すなわち、①祖先を敬《うやま》うこと、②家族へ感謝すること、③次世代を育てることです。①は、私たちの命が祖先から受け継がれてきたものであることを自覚し、祖先に喜んでいただけるような生き方をすることです。②は、自分を育ててくれた親や保護者に感謝の気持ちを持って、安心を与えていくことです。③は、子や孫を責任を持って養育したり、あるいは親族の若い人を社会に役立つ立派な人材に育成することです。

私たちは今一度、みずからの周りをじっくりと見わたし、祖先や親、次世代などの「当たり前」の存在と考えている人たちに思いを馳《は》せ、その恩に報《むく》いていこうとすることが大切です。

そして、こうした道徳実行の視点を水平的な横軸だけではなく、垂直的な縦軸にも及ぼして実行していくところにモラロジーの一つの特色があるのです。

2 伝統に対する報恩の方法③

〈テ p.122〜128〉

国の存続を支える数々の努力

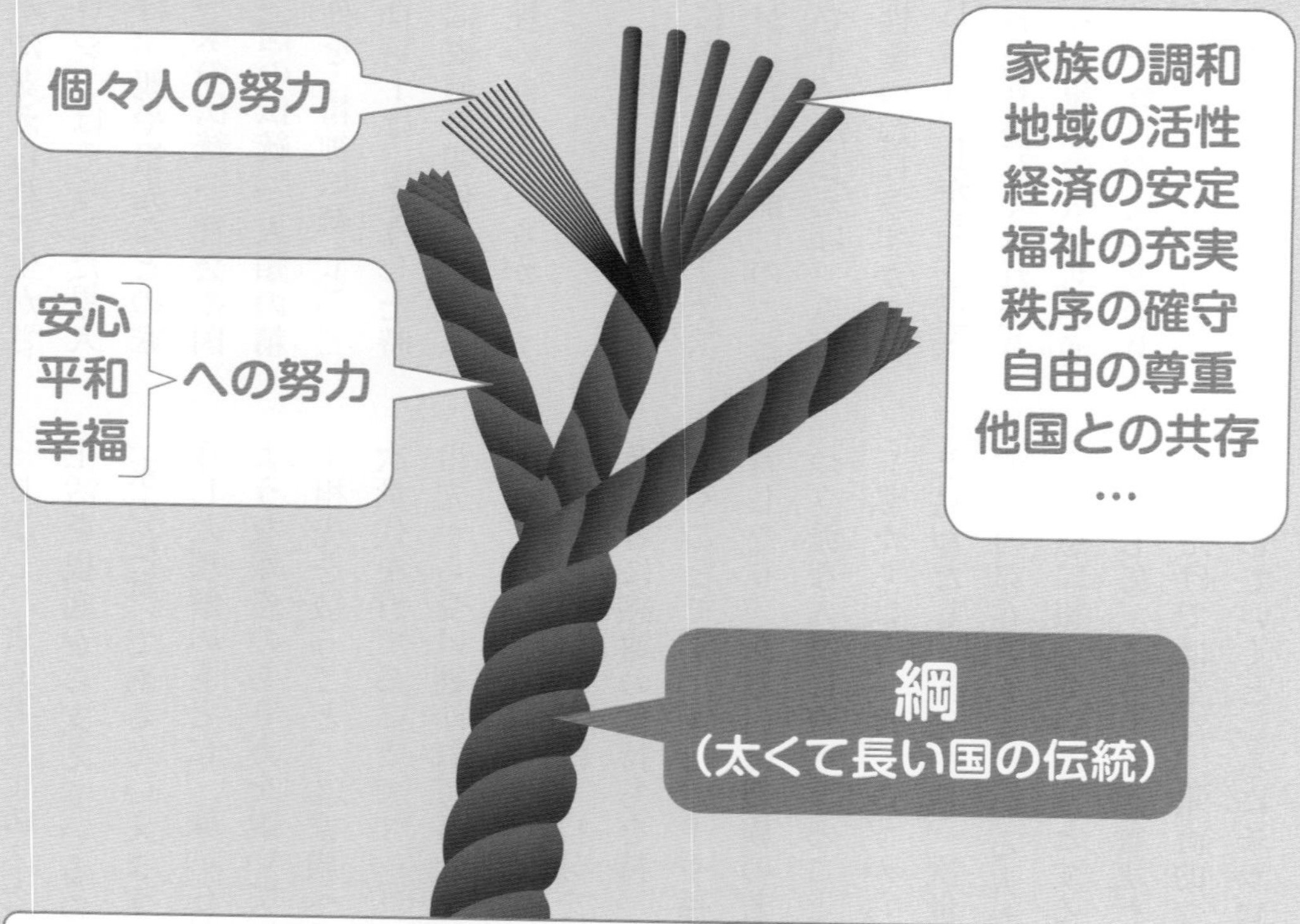

先人たちの努力の糸がより合わせられた綱を継承し、
さらなる努力の糸をしっかりと編み込んで未来へと伸ばしていくことが、
国の恩人に対する報恩になります

国の存続を考える

人類の歴史とは、多くの国々が興亡《こうぼう》を繰り返してきた歴史でもあります。広大な領土を誇り、栄華《えいが》をきわめてきた帝国や王朝であっても、さまざまな原因が重なることで滅亡してきました。

国が長く存続していくことは、弱い糸をねじり合わせて頑丈な綱《つな》にしていくことに似ています。それまでどれほど丈夫にねじり合わせてきた綱であっても、その手間を惜《お》しんで手抜きをしてしまうと、しだいにもろく弱いものとなって、ついには切れてしまいます。

とりわけ、自分が所属する国が現に存在している間は、国があるのは「当たり前」と思いやすく、今必要な努力を忘れやすい面があります。しかし、国の存続とはそれこそ綱渡りのようなものといえます。

国が滅ぶ要因には、内政の混乱や経済の不振、外国の侵略など、さまざまなことが挙げられます。これらから国を守り、存続させるために、先人たちは多様なレベルでそれぞれの努力を続けてきました。これらの中核には広い意味での道徳的な努力が含まれています。国が存続しているということは、人々の生命と生活を守り、相互に協力し合い、支え合うことを実現しようとして力を注いできた恩人たちによって、かろうじて保たれてきたものであり、現存するどの国もそれぞれの問題を抱《かか》えながら、なんとか維持されているともいえるでしょう。

現代に生きる私たちにとって歴史を振り返り、これらの国の恩人の努力を知ることが、未来に向けて必要なことになっています。私たちが継承すべきは、その恩人たちの努力と願いにあります。

つまり、人々の生命と生活を守り、相互に協力し合い、支え合うという努力と願いを継承することが国の恩人に対する報恩であり、頑丈な綱を継承する力なのです。

また、ほかの国々にもその国を支えてきた恩人の系列と歴史があります。他国を自国と同様に尊重し、国際的な平和を実現していかなければ、自国の存続も困難です。

国の恩人の系列に感謝し、その恩に報《むく》いていくことの中身には、ほかの国々との共存への努力が含まれていることも忘れてはならないことなのです。

2 伝統に対する報恩の方法④

〈テ p.122〜128〉

道徳実行の道しるべ

精神伝統は、まるで「北極星」のように
私たちの進路を示し続けているようです

精神伝統の役割と働き

道徳を学んで、自分ではよいことをしたくても、実際には何を行えばいいかが分からない場面は多いものです。なぜなら、何をすることがよいかは、それぞれの場面で異なってくるからです。その場にいる私たち自身が答えを考えるほかはありません。

では、どのような標準で答えを見いだしていけばよいのでしょうか。

古くから受け継がれている教説や教訓などの歴史を紐解《ひもと》くとき、諸聖人（ソクラテス、イエス、釈迦《しゃか》、孔子《こうし》など）とその系列にたどりつきます。モラロジーではこれらの人々を「精神伝統」と呼んでいます。

精神伝統は聖人として、また諸聖人の教えを受け継ぎ、生き方の指針を後世に示しました。そこから、道徳実行の標準や指針については学ぶことができます。

精神伝統の教えに導かれて、人類は世界全体や未来の世代までを見通した道徳を考えられるようになってきました。その教えと生き方から学ぶことができる標準の核心は、自分中心の利己的な本能を離れ、社会に開かれた生き方をすることにあります。

私たちは、人生を自分の力だけで生きているように考えてしまいがちですが、他方で自分の力を超えた働きの影響を受けながら生きています。モラロジーではその働きを、すべてのものを育《はぐく》む力として捉《とら》えています。

この力を生かすには、日ごろから社会に暮らす人々の幸せに心を向ける努力を重ねることです。人のため、社会のために生きることは、直接的にも間接的にも、自分の喜びにつながることを精神伝統は教えてくれます。

社会に開かれた心づかいの習慣が身につくと、次第に自分中心の世界から離れて、多くの人と調和して生きる人生を歩んでいくことができます。

このように考えてくると、精神伝統はまるで北の空でほぼ動かずに見えることから〝道しるべ〟として知られてきた「北極星《ほっきょくせい》」のように、私たちの進路を示し続けているようです。判断に迷うときは夜空を見上げて彼らの教えに目を向けることで、自信を持って次の一歩を踏み出せるのではないでしょうか。

3 日本における国の伝統と精神伝統

〈テ p.128～131〉

日本人にとっての伝統

皇室は日本人が模範とする道徳を象徴的に体現してきた系列であり、
「国の伝統」と「精神伝統」を兼ねたものと受け止められています

その恩恵にどのように報いるか

モラロジーが提唱する「伝統」という考えには、家の伝統、国の伝統、精神伝統という三つの柱があります。ここでは、日本人にとっての「伝統」を例に、日本人の道徳を考えたいと思います。

まずは「国の伝統」です。国の伝統とは、国家社会における恩人の系列を指すものです。古代から日本を支えてきた恩人たちとして、すぐに思い浮ぶのは皇室でしょう。日本独自の歴史の歩みを踏まえて、現代でも天皇は国民統合の象徴となっています。

次に「精神伝統」です。精神伝統とは、神仏の心を体現して人類に高貴な品性を示し、最も高いレベルの道徳を教えた恩人の系列です。この点でも皇室を思い浮かべる人は多いでしょう。日本では武将たちが握った武力や権力とは別に、皇室が人々の尊崇《そんすう》と権威を保ち続けてきました。その理由の一つは、皇室が日本の文化や精神を継承する精神伝統として存在してきたことにあります。

古来、日本人にとって、皇室は国民の幸せと世界の平和を祈り続けてきた系列であり、また大きな災害が生じたときなど、つねに国民に寄り添って支えてきた系列と認められてきました。一つの「系列」として総体的に考えるとき、皇室は日本人が模範とする道徳を象徴的に体現してきた系列といえます。このように、日本人にとって皇室は「国の伝統」と「精神伝統」を兼ねたものと受け止められています。

では私たちはその恩恵にどのように報《むく》いることができるでしょうか。ここには一つのシンプルな指針が考えられます。それは、歴代の皇室が祈りを込めてきた国民の幸福と世界の平和の実現に向けて、私たち一人ひとりが努力することです。

国民の幸福と世界の平和は皆が望み、望まれていることでもあり、また歴史的には実現の途上にあるものです。しかし、その実現に向けて一歩ずつ進んでいくことが日本という国を支え、日本人の道徳的精神を鼓舞《こぶ》してきた伝統に対する何よりの報恩です。

重要なことは、こうした「伝統」観が、私たちの道徳的努力を生みだし、私たちの道徳的成長を促《うなが》し、私たちを幸福に導き、世界に開かれた道徳を推進する原動力となることです。

キーワード

「氏神」と「産土神」

時代とともに混同された2つの神様

日本全国にはたくさんの神社があり、さまざまな神様が祀《まつ》られています。その中でも「氏神《うじがみ》」と呼ばれる神様は、私たちの日常生活と深いかかわりを持っています。

氏神とは、もともと古代社会で氏を名乗る氏族《しぞく》（あるいは氏人《うじびと》）が祀った一族の祖先神、あるいは守護神をいいました。また、その氏神を祀る血縁関係の集団を氏子《うじこ》といいます。

しかし、中世においては土地の神様、つまり鎮守《ちんじゅ》の神様である産土《うぶすな》神《がみ》（産土とは生まれた土地という意味で、土地の守護神）が氏神と混同されるようになりました。そうしたことから、本来は産土神とは概念が異なる氏神は、祖先神あるいは守護神を祀るものばかりではなくなりました。

時代や社会の変化とともに双方の判別はつきにくくなり、現在では氏神や産土神は地域の神社として氏子も氏族と関係なしに神社の祭祀《さいし》圏内に居住し、祭りや人生儀礼・通過儀礼などに参拝する人たちを表す用語として広く使われています。また、地縁や血縁的な関係以外で、個人の信仰等によって特定の神社を信仰する崇敬者《すうけいしゃ》もいます。

氏神・産土神は宗教（団体）としての神道《しんとう》の枠にこだわることなく、もともと生活習慣の一部をなし、文化の内面化したものとして生き続けてきたのです。

第2部
実践編

第9章

人心の開発救済

1 人心の開発救済とは何か

〈テ p.136～138〉

人心を開発し、救済する

道徳の学習や実践による安心感や喜びを相手と共有するには、
さまざまな気くばりやサポートが重要です

安心感と喜びを共有するために

初めて自転車に乗れるようになったときのことを覚えていますか？ 最初から上手に自転車を乗りこなせた人はおそらくいないでしょう。家族や近隣の人たちの指導とサポートを受けながら、何度も練習を重ねて、転ぶことなくペダルを漕《こ》ぐコツをつかんだときの喜びは格別だったはずです。

しかし、自転車に乗れるからといって、自転車の乗り方を上手に教えることができるとは限りません。自転車の乗り方を、言葉だけで説明することは思いのほか難しいですし、目の前で実演しても、それを見た人がすぐに習得できるわけでもありません。この例は、今回のテーマである「人心の開発救済」にも通じています。「人の心を開発・救済する」とは、これまで学んできた「自己中心性の克服《こくふく》」や「公平無私な慈悲心の体得《たいとく》」などを知的に理解したり、実感を持って実践することで、安心と喜びの精神状態を得ることです。

この精神状態は、自転車に乗れたときのような「できた」という明快な感覚ではないかもしれませんし、一度得られたからといってその後もずっと継続するとは限りません。しかし、モラロジーの独特な学びと実践から、安心や喜びを感じることも少なくないはずです。このみずからが感じた安心や喜びを、未経験の人に同じように感じてもらうことが「人心の開発と救済」の基本となります。

自分が学びを深めるほど、また、実践を積むほど相手を知的に開発し、感情的に救済しやすくなりますが、大事なポイントは前述の自転車の例と同様に、言葉で説明し、実践して見せるだけでは、十分でないことです。子供が自転車に乗れるようになるまでは、〝荷台を支える〟、〝危険のないように見守る〟などのサポートが欠かせないように、他者の心を開発・救済するには、〝相手のニーズを知る〟、〝動機づけを高める〟、〝実行を促《うなが》すよう勇気づける〟、〝うまくいかなかった場合に励ます〟、〝達成できた際に共に喜ぶ〟等の伴走が重要です。

また、相手の心を開発・救済するプロセスの中で、かえってこちらの学びや喜びが深まることもあります。人心の開発救済は、自分自身をも対象とした双方向の学習体系なのです。

2 人心開発救済の方法

〈テ p.138〜142〉

人心開発救済の4段階

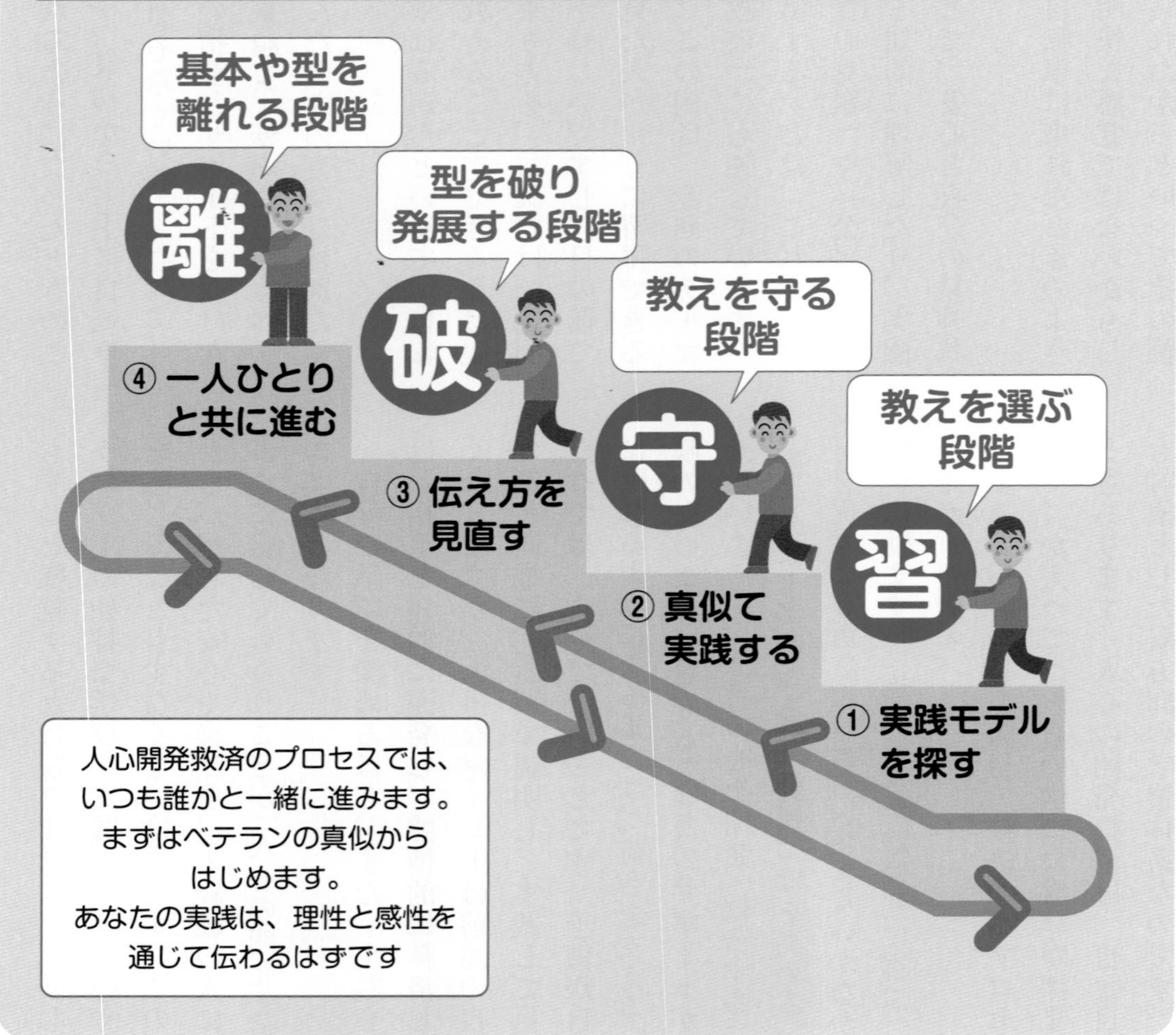

いつも一緒に進みながら

モラロジーの学びは座学だけでは終わりません。実践の力は人を育てる過程で培《つちか》われます。ここでは剣道や茶道などの修行段階で知られている「守破離《しゅはり》」に置き換えて考えてみましょう。

第一段階　実践モデルを探す（図の①）

まずは自分にとっての具体的な行動や考え方の模範になる人を探します。私たちは実践モデルを自由に選ぶことができますから、会社であれば上司や先輩、同僚など周りにモデルとなる人を探してみましょう。初めは「習う」段階です。

第二段階　真似《まね》て実践する（図の②）

模範とする人の姿を真似て、そのやり方どおりに実践する段階です。一方通行にならないように確認しながら、言葉のキャッチボールを通して、これまで学んできたことを伝えます。ただし、いくら正しいことでも理知的な理解だけでは人は動きません。実践の姿にこそ感化する力があります。まずは、自分が見本を示してからポイントを説明して、新人が実践する機会を提供します。できたこと、努力が見えたことは認め、褒《ほ》めることも必要でしょう。ほかにも、早めに出勤して掃除や整理などの社会的道徳の実践には無言の説得力が宿ります。守破離の「守」の段階です。

第三段階　伝え方を見直す（図の③）

心を尽くして説明しても、うまく伝わらないことがあります。そのようなときに自分の心づかいを見直すのがモラロジーの特色です。一方的ではなかったか。共感的な態度で接することができたか。これまでのやり方を発展させて自分なりに工夫する守破離の「破」の段階です。

第四段階　一人ひとりと共に進む（図の④）

かかわりを重ねるうちに、はじめに模範にした型から離れて自分のやり方が身についてきます。たとえ自分流のやり方が確立しても、次の基本は欠かせません。それは、相手の意思を確認すること、見守り励まし勇気づけること、手に負えないことは他人の判断を仰《あお》ぐことです。これが守破離の「離」の段階です。

このように、モラロジーの実践は人を育てるかかわり合いの中で進みます。かかわり方で迷うときは、自分のそばで助けてほしい人のことを思い出せば（「習」）自《おの》ずと振る舞い方は想像できるはずです。

3 人心救済と人生の意味の回復

〈テ p.142～144〉

相手と同じ目線で対話する

人心の開発と救済の本質は、
相手との人格的な対話を心がけることで、単に他者を助けるだけでなく、
働きかける側の本人も道徳的な気づきが得られる相互的な営みです

他者に働きかけて自己の品性を高める

モラロジーを学ぶ中で、悩みを抱《かか》えている人を助けたいのだけれど、なかなか救うことができずに悩ましくて辛《つら》い。そんな経験はないでしょうか。ここでは、人心の開発と救済の真の意味について、働きかける側の視点や姿勢から考えていきたいと思います。

人心の開発と救済とは、最高道徳の実行で得た喜びを他者にも伝え、共に分かち合い、お互いの人生に価値を見いだして生きることです。ところが、現実はそううまくはいきません。その原因はどこにあるのでしょうか。

たとえば、職場の人間関係で悩んでいる人から相談を受けて助言をしてみたものの、相手の問題が解決しているように見えず、手応《てごた》えもない。そのような場合には、まずみずからを振り返ってみましょう。

もしかすると、助けてあげたいという気持ちが先行して相手のニーズに応じた助言ができていなかったり、あるいは押しつけがましく、上から目線で説いたりしていないでしょうか。そうした教化のような態度では、相手も耳を傾けてくれないでしょう。

まず、人心の開発と救済で大切なことは、共感や共苦といった相手と同じ目線で対話することを心がけ、みずからの全人格で相手に向き合うことです。

しかし、こうした真摯《しんし》な姿勢で他者に働きかけて、相手の悩みや問題が解決されれば、人心の開発と救済が完結するというわけではありません。モラロジーでは、単に相手を助けて自己の満足を得るのではなく、相手を救う過程や結果から、みずからの働きかけ方や心のあり方を反省し、みずからを成長させる契機とすることも重要としています。

そのような姿勢でさまざまな人へ働きかけていくことによって、実際に他者を助け、救うことができる力が次第に養われるとともに、次への自信と活力がもたらされるのです。そうして働きかける経験を積み重ねていくと、みずからの品性を高めていくことにもつながるのです。

人心の開発と救済の本質は、単に他者の悩みや問題を解決するだけではなく、働きかける側の本人に道徳的な気づきや学びが得られる相互的な営《いとな》みなのです。

第9章 コラム

キーワード

ケア

精神的な成熟と人格の自己実現を支える

生活の中で「ケア」という言葉をよく耳にしますが、この概念をいち早く提唱したものに、アメリカの哲学者、ミルトン・メイヤロフの著述『ケアの本質——生きることの意味』(原書は1971年、邦訳版1987年)があります。同書の中でメイヤロフは、ケアを「一人の人格をケアするとは、最も深い意味で、その人が成長すること、自己実現することをたすけることである」と端的に説明しています。

その人の成長と自己実現を助けることが「ケア」であるならば、第9章で触れている「人心の開発救済」はケアそのものといえます。つまり、子育てや介護といった場面だけがケアの現場なのではなく、その人の精神的な成熟を支援し、その人の人格の自己実現を支援していくすべてが、ケアの現場として考えられるということです。

人は生きていく中でさまざまな困難に遭遇します。その中で苦悩し、深い不安に襲われることもあります。「よりによってなぜ自分にこんな出来事が降《ふ》りかかるのか」「これから先、自分はどう生きていけばよいのか」といった深い苦悩や不安は、自身の生きる意味や価値とかかわる「魂の苦しみ」(スピリチュアル・ペイン)とも呼ばれるものです。

その人の成長を支えるケアとともに、成熟——成長や回復を見通すことのできない苦悩や老いに対しても、その人の精神的成熟や自己実現を支援していくケアが、ますます重要になってきているのです。

第2部
実践編

第10章

道徳実行の因果律

1 道徳実行の因果律の理解

〈テ p.148〜152〉

「道徳実行の因果律」のメッセージ

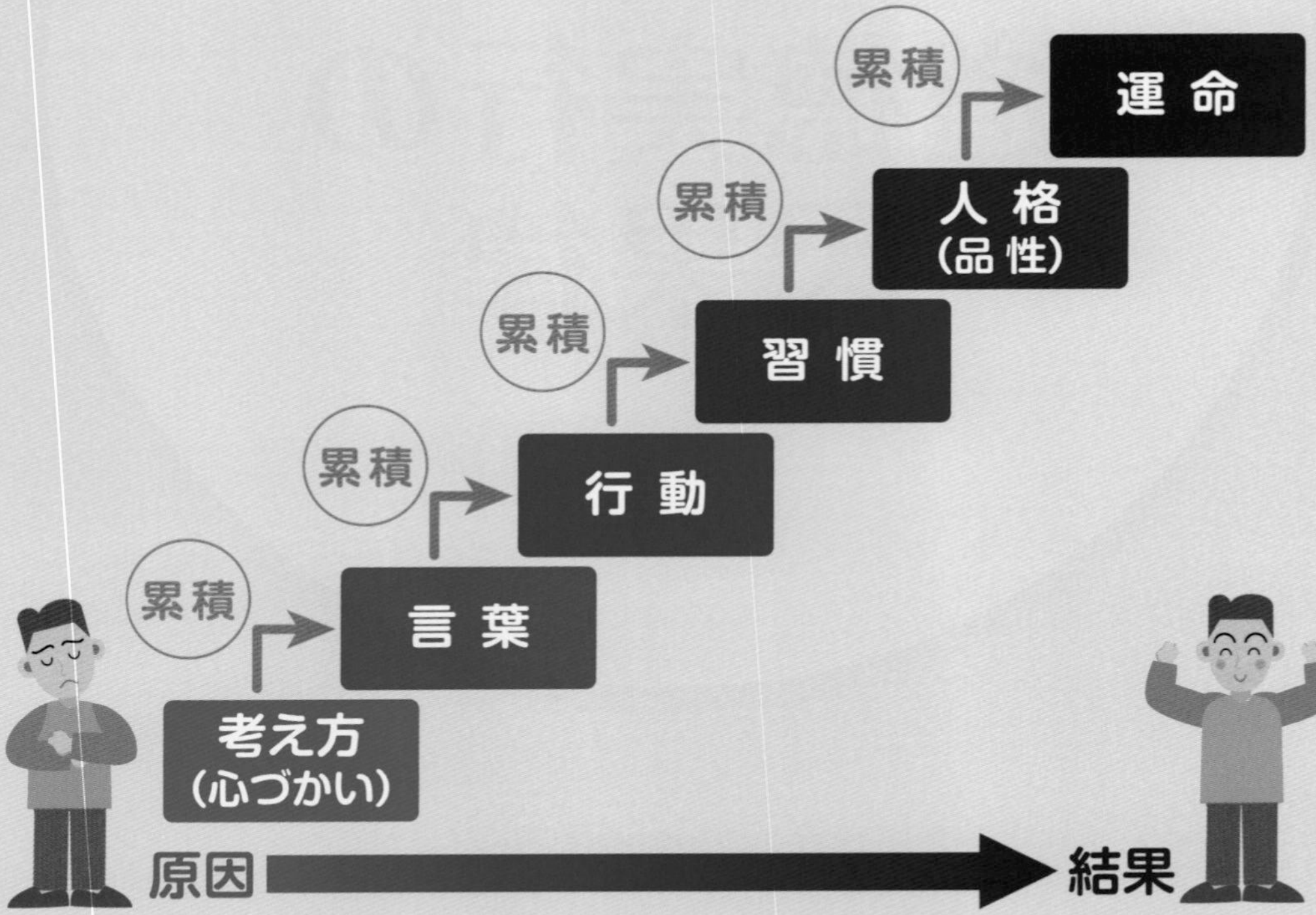

道徳の実行には「原因と結果の法則」（因果律）が存在します。
同じことをしているのに「違う結果」が出ているときは
「考え方（心づかい）」を振り返りましょう

心づかいの重要性

私もあの人も同じことをしているのに、「なんであの人ばっかりうまくいくのだろう」とか、その反対に「なんで私ばっかりひどい結果になるのだろう」と思うようなことってないでしょうか。

「道徳実行の因果律《いんがりつ》」は、道徳の実行には原因と結果の法則があることを示すものであり、原因をどのように考えて受け止めるかのヒントを示すものでもあります。

私たちは物事の原因を探るとき、すぐになんらかの具体的な行為を思い浮かべやすいものです。確かにこうした行為も原因の一端《いったん》となるものですが、モラロジーではさらにそうした諸行為の源である心づかいを重視しています。つまり「同じこと」をしているのに「違う結果」が出ていると思われるとき、その行為をどのような心づかいで行っていたかを振り返ってみる必要があるということです。この点を考えさせてくれる言葉があるので紹介したいと思います。

考え方に気をつけなさい。あなたが考えたことはあなたの言葉になるでしょう。
言葉に気をつけなさい。あなたの言葉はあなたの行動となるでしょう。
行動に気をつけなさい。あなたの行動はあなたの習慣となるでしょう。
習慣に気をつけなさい。あなたの習慣はあなたの人格となるでしょう。
人格に気をつけなさい。あなたの人格はあなたの運命となるでしょう。

（トーマス・リコーナ著『「人格教育」のすべて』麗澤大学出版会刊より）

心づかいも含めた道徳実行が累積されて、その結果がもたらされているという「道徳実行の因果律」は、古代より世界の諸聖人たちが伝えてきたメッセージでもあります。

しかし、人類は、いまだ古代からこの「道徳実行の因果律」を誰もが確信できるところまでは到達できずにいます。現代では心理学や生物学、脳科学、社会学、経営学などの多くの分野で道徳的な心づかいや行動がもたらすものについて研究が進められていますが、学問としてのモラロジーもこの課題に一貫して取り組み続けています。

3 運命を改善する心構え

〈テ p.156～158〉

道徳実行を続けるポイント

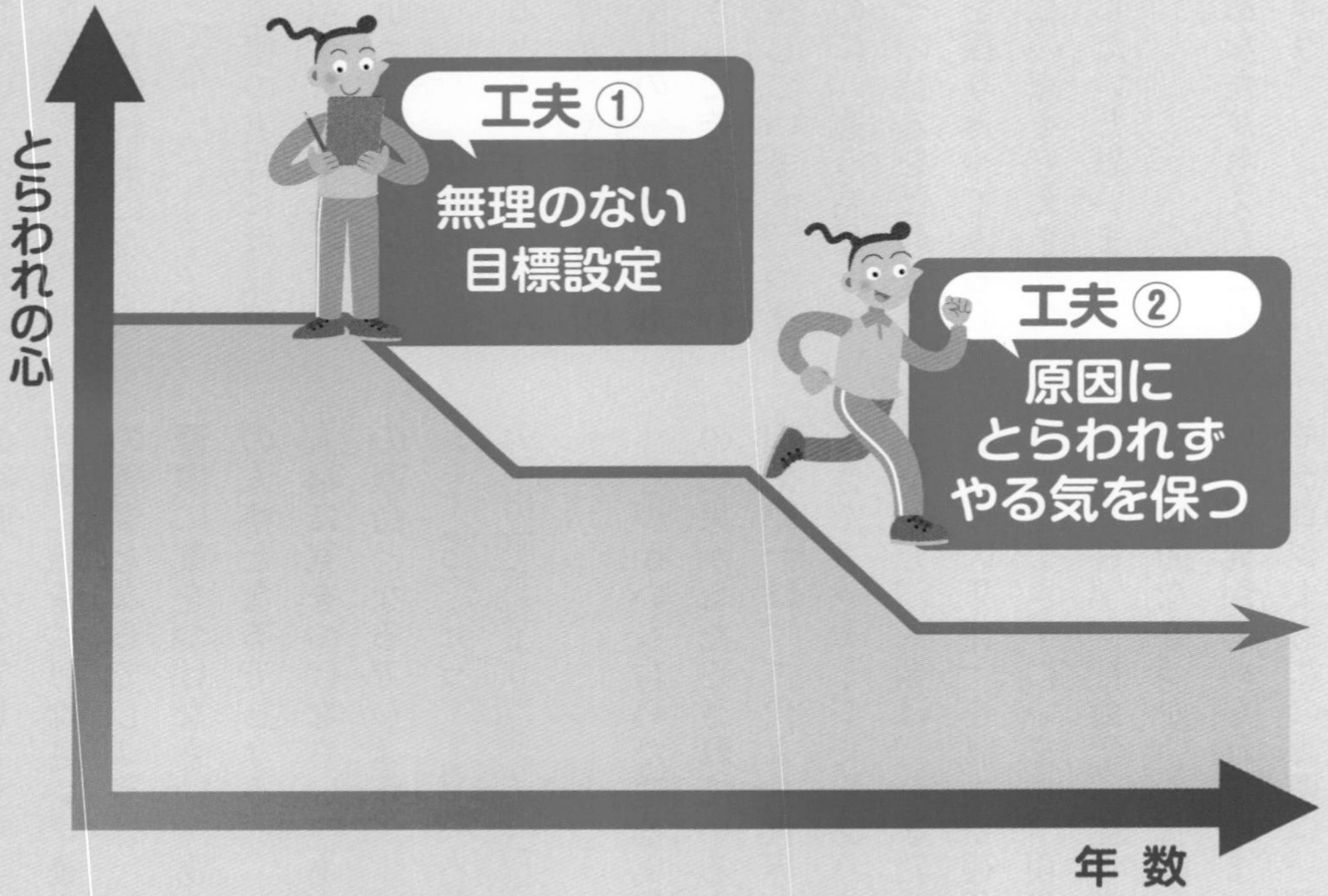

道徳実行を続ける過程は、やめない工夫の積み重ねです。
「朗らかな気分」に包まれているかどうかがチェックポイントになります

やめない工夫で「続ける」道徳

ダイエットや語学の学習などには、成果が見える前に停滞する時期があるようです。努力のわりに効果を実感できないと、あきらめたくなる気持ちが湧《わ》いてくることもあるでしょう。

道徳の実行も同様です。よいことをしているつもりなのに、どうしてもうまくいかない。そのような時期にやめない工夫について考えてみましょう。

〔工夫①〕無理のない目標設定

短期間での過度なダイエットは身体に負担をかけてしまうので、実現の可能性を見定めながら無理のない目標と計画の立案が大切です。初めから聖人や偉人の実践した道徳を目標にすると、現在の自分とのズレに圧倒されて、ときには苦しむこともあります。

長期目標とともに、自分のできる範囲で中短期の目標を設定します。

〔工夫②〕モチベーションを保つ

停滞を実感したときに大切なことは「あきらめない」ことです。モチベーションの維持を優先して、できない自分を否定・卑下《ひげ》することは避けなければなりません。誰にでもうまくいかない時期はある、今は成長の前の準備の時期だと考え、過去の原因にとらわれすぎないように心がけます。

そのようなときは、人に話してみると現状を客観的に把握することができますし、小さな変化を起こすことで克服《こくふく》のきっかけになることもあります。経済的・肉体的・精神的な無理はなかったか、見直してみましょう。

〔まとめ〕道徳は朗《ほが》らかな気分で

質の高い道徳は、長く続けることでその成果が誰の目にも明らかになるものですが、そのときその場で実行する当人が感じているのは、「明《めい》朗《ろう》清《せい》新《しん》」と呼ばれる「朗らかな気分」と表現されます。

よいことを正しい・優しい心づかいで行っている間の気分が明るく朗らかなものであるか。その気分を保つ工夫が道徳を続ける秘訣《ひけつ》だといえるでしょう。

道徳実行のプロセスでは、動機・目的・方法を振り返ることはもちろんですが、そのときの気分もまた大切なチェックポイントになるのです。

最高道徳実行のすすめ

〈テ p.161～164〉

道徳の世界を広げる

街灯の下だけで鍵を探していませんか？
モラロジーを学び、最高道徳を実践して、道徳の世界を広げましょう

広げよう道徳の世界

「街灯の下で鍵《かぎ》を探す」という例話をご存じですか？

　ある晩、警官が夜回りをしていると、街灯の下でひざをついて何かを探している人がいます。警官が近寄って事情を尋ねると、その人は「鍵を落としたので探している」と言いました。そこで再度「街灯の下で落としたのか」と尋ねると、「そうとは限らない」と。「ではなぜここで探すのか」と聞くと「ここが明るいからだ」と答えた、というものです。

　この例話は「探しやすい場所ばかりを探して、肝心な部分を見過ごしている」という人間の一面を示したものですが、日常生活で直面するさまざまな道徳問題の場面でも、この例話のような現象が起こっているのではないでしょうか。

　道徳問題に直面した際、私たちは「原因は何か」「以前はどのように対応したか」「ほかの人ならどうするだろうか」など、考えながら解決や改善を図ります。しかし一度、収拾がつかなくなると、簡単に「どうしようもない」「自分に責任はない」と消極的に考えがちです。確かに容易に解決策が見つからない深刻な場合もありますが、一方で、問題の捉《とら》え方や改善への考え方が安易で固定観念化した場合も少なくありません。街灯の下を探しただけで、あきらめてしまっているのです。

　これまで紹介してきたように、モラロジーには「自我」「慈悲」「義務」「伝統」などのキーワードがありますが、それらの意味合いは一般的なものとは微妙に異なります。これらのキーワードにもとづく道徳の考え方は、それまで見えなかった新しい問題の解決策を示してくれます。モラロジーを学び、最高道徳を実践すれば個人の道徳の世界は広がり、生き方を見直すこともできます。

　注意が必要なのは、モラロジーや最高道徳が、従来のルールや道徳観など、いわゆる普通道徳を否定や過小視するものではない点です。道徳の問題は基本的に対人関係にかかわるものです。まずは社会のルールをしっかり守り、思いやりの心を十分に発揮《はっき》しなければ、相手や周囲から受け入れられません。そのうえで最高道徳を実践すれば、実践者に加え、相手や社会にもよい結果をもたらし、そこからまた道徳が広がっていくのです。

第10章 コラム

キーワード

天　命

それは生涯における「使命」か「限界」か？

孔子《こうし》が自分の生涯を振り返って述べた最晩年の言葉に「五十にして天命を知る（五十而知天命）」（『論語』為政《いせい》篇）があります。40歳のことを「不惑《ふわく》」と呼ぶ表現は現代でもよく使われますが、これは孔子が「四十にして惑《まど》わず（四十而不惑）」と述べた言葉に由来するもので、その続きが冒頭の「五十にして天命を知る」です。

現代語訳で考えれば、「50歳になって天から与えられた自分の運命をはっきりと自覚するようになった」という意味ですから、自分の生涯における使命のようなものを自覚した、あるいは自分の生涯における宿命や限界の自覚と考える人もいるのではないでしょうか。

このように「天命」は「運命」という言葉に置き換えられますが、これを「天から与えられた使命」として受け止めるのか、「天から与えられた限界」として受け止めるのか、この捉《とら》え方はその後の歩み方に大きな影響を与えるものといえます。

注意が必要なのは、私たちは「天から与えられた限界」と聞くと、どうしようもない現実を前に打ちのめされる絶望感や、その後の人生への委縮《いしゅく》した態度という消極的なイメージを思い浮かべやすいということです。しかし、自分に与えられた限界をしっかりと見つめる中に、自分の人生を前向きに歩む新たな使命も生まれてきます。

『モラロジー概論』の第10章で述べている「科学的安心立命《あんしんりつめい》」と「唯心《ゆいしん》的安心立命」は、「天命」「運命」が持つ2つの側面の意味や価値、受け止め方を述べているものともいうことができます。

図解してみよう!!

モラロジーを学ぶ過程で感じた
イメージや風景、図表などを皆で共有してみませんか？
図解に正解はありません。
難しく考えすぎないでチャンレンジしてみましょう！

ヒント

① 「慈悲」や「伝統」など、キーワードから連想するものは？

② この本を読んで、“自分だったらこうしたい”と思った部分は？

③ 講義や体験談などで印象に残ったシーンは？

④ 自分で絵や図を描くのが難しいようであれば、
インターネットで探してみよう。

モラロジーの創建者　廣池《ひろいけ》千《ち》九郎《くろう》（1866～1938）

法学博士。大分県中津市生まれ。青年期に小学校教員として初等教育に携わり、のちに『古事類苑』編纂員、早稲田大学講師、神宮皇学館教授などを歴任。その間、東洋法制史、漢文法、日本の精神文化の研究などを行う。大正時代より道徳の科学的研究に取り組み、総合人間学モラロジーを提唱。昭和10年、千葉県柏市にモラロジーにもとづく道徳教育を行う「道徳科学専攻塾」を開設。現在、社会教育は公益財団法人モラロジー道徳教育財団、学校教育は麗澤各校を擁する学校法人廣池学園に受け継がれている。

ポイントがよく分かる！　**図解モラロジー概論**

令和5年9月13日　初版発行

● 編集 発行

公益財団法人 モラロジー道徳教育財団

〒277-8654 千葉県柏市光ヶ丘2-1-1　TEL.04-7173-3155（出版部）
http://www.moralogy.jp

● 執筆者

望月文明（第1章-2、第2章-4、第3章-1、第4章-1、第5章-1･2･4、第6章-3、第8章-2、第9章-1、第10章-最高道徳実行のすすめ）

宮下和大（第1章-1･3、第4章-2、第7章-2、第8章-2･3、第10章-1、コラム⑨･⑩）

木下城康（第2章-1、第3章-2、第6章-2、第7章-1、第8章-1･2、第9章-2、第10章-3）

江島顕一（第2章-3、第3章-3、第4章-3、第5章-3、第6章-3、第7章-3、第8章-2、第9章-3）

大野正英（コラム①･③）

冬月　律（コラム⑤･⑧）

● コンテンツ開発局

富田裕之（コラム②･⑦）、佐野和隆（コラム④）、里永雄一朗（コラム⑥）

● 発　売

学校法人 廣池学園事業部

〒277-8686 千葉県柏市光ヶ丘2-1-1　TEL.04-7173-3158

● 装丁・レイアウト

株式会社エヌ・ワイ・ピー

ISBN978-4-89639-289-0

落丁・乱丁本はお取り替えいたします。